Schirner Verlag

Die Autorin

Susanne Hühn ließ einer Ausbildung zur Krankengymnastin eine weitere zur psychologischen Beraterin bei einer Heilpraktikerschule folgen. Anschließend widmete sie sich Rückführungen und spirituellen Heilmethoden, mit deren Hilfe sie ihren Patienten immer umfassendere Beratungen und Heilbehandlungen geben konnte.

Im Rahmen ihrer persönlichen Geschichte traf sie auf eine Selbsthilfegruppe, deren Genesungsprogramm auf den zwölf Schritten der Anonymen Alkoholiker basiert. Fasziniert von der Weisheit und Einfachheit dieser Schritte erkannte sie, daß diese alles zusammenfaßten, was sie in früheren Jahren gelernt hatte. Das war die Geburtsstunde der Idee, diese Schritte in einer kurzen, knappen, leicht verständlichen Anleitung zu beschreiben und zu erklären, wie man mit sich und seinem Leben umgehen kann. Denn auf die innere Stimme zu hören ist etwas, was jeder können sollte.

Das Buch

»Es geht in diesem Buch nicht darum, wie man essen muß, um dauerhaft abzunehmen, wie man möglichst dünn wird oder wie man endlich dem gängigen Schönheitsideal entspricht. Es geht vielmehr um deine Genesung vom zwanghaften Essen – und zwar mit allem, was dazugehört –, falls du darunter leidest.«

Mutig, einfühlsam und kraftvoll erzählt die Autorin ihre eigene Geschichte und zeigt einen Weg zum stabilen idealen Gewicht. Dieses fühlt sich für jeden anders an. Es ist jenes Gewicht, das Sie gut halten können und mit dem Sie sich wohl fühlen, das Ihrer natürlichen, gesunden Lebensweise entspricht. Das Buch macht Mut, es weist Wege in ein freies, selbstbestimmtes Leben, das nicht von der äußerst anstrengenden und schmerzhaften Beschäftigung mit dem zwanghaften Essen und dem eigenen Gewicht bestimmt wird, sondern Raum bietet für Glück, Zufriedenheit und echte Heilung.

SUSANNE HÜHN

Loslassen

und das ideale Gewicht erreichen

EIN WEG AUS DER SUCHT,
ZUVIEL ZU ESSEN

Schirner Verlag

ISBN 978-3-89767-318-2

Zweite Auflage 2007

Umschlag: Murat Karaçay
Redaktion & Satz: Kirsten Glück, Sharmila Maas
Herstellung: Reyhani Druck & Verlag, Darmstadt

Printed in Germany

www.schirner.com

Inhaltsverzeichnis

WIDMUNG

In tiefer Dankbarkeit für Rozanne, der Begründerin von Overeaters Anonymous, für alle Eßsüchtigen, die noch leiden, und für die 12-Schritte-Gruppen

»Sucht ist ein unabweisbares Verlangen nach einem bestimmten Erlebniszustand. Diesem Verlangen werden die Kräfte des Verstandes untergeordnet. Es beeinträchtigt die freie Entfaltung einer Persönlichkeit und zerstört die sozialen Bindungen und die sozialen Chancen des Individuums.«

(K. Wanke, in: Deutsche Hauptstelle für Suchtfragen (Hrsg.). Süchtiges Verhalten, 1985, S. 20)

Vorwort

Liebe Leserinnen, liebe Leser,

eigentlich wollte ich nie ein Buch über Eßsucht schreiben, weil das für mich viel zu persönlich wäre. Doch ich habe mich geändert und damit auch meine Überzeugung. Und so schreibe ich es nicht, weil die Themen »Eßsucht« und »Schönheitswahn« im Trend sind, sondern weil es an der Zeit ist. Ich schreibe es noch immer gegen meinen Willen, aber mit meinem Herzen.

Es geht in diesem Buch nicht darum, wie man essen muß, um dauerhaft abzunehmen, wie man möglichst dünn wird oder wie man endlich dem gängigen Schönheitsideal entspricht. Es geht vielmehr um deine Genesung vom zwanghaften Essen – und zwar mit allem, was dazugehört –, falls du darunter leidest.

Ich werde auch nicht mit dir darüber diskutieren, ob du nun eine Eßstörung hast oder nicht. Dieses Buch ist für diejenigen, die bereit sind, sich ihrem Eßverhalten zu stellen. Wenn du nur ein bißchen abnehmen willst, dann brauchst du dieses Buch nicht. Wenn du aber seit Jahren versuchst, deine Art zu essen in den Griff zu bekommen, und immer wieder scheiterst, dann lies vielleicht noch ein Stückchen weiter.

Du wirst hierin kein einziges Rezept finden, keine Ernährungstips oder Empfehlungen zum Sporttreiben. Mein Bestreben ist, dir einen Weg zu zeigen, der dich stabil und dauerhaft vom zwanghaften Essen befreit. Ob du dabei abnimmst, weiß ich nicht. Wenn du abstinent* wirst vom zwanghaften Essen, dann kann es sein, daß du sehr viel Gewicht verlierst, doch das ist quasi Nebensache. Das Ziel dieses Weges ist es, dich von der Sucht zu befreien. Du wirst aus dem ewigen emotionalen Teufelskreis, bei dem die Gedanken ständig um Schönheit, Schlankheit, Essen und Nichtessen kreisen, heraustreten. Du wirst dem Wechselbad aus Hochs und Tiefs, aus Scham und dem Druck, alles unter Kontrolle zu halten, entkommen.

Das Ziel dieses Weges ist es, dich von der Sucht zu befreien.

Du wirst dich auf diesem Weg von der Vorstellung »ich muß mich nur noch ein bißchen mehr zusammenreißen und anstrengen, dann erreiche ich meine Ziele« befreien. Wenn dein Tag gegenwärtig von der Zahl auf der Waage oder deiner aktuellen Kleidergröße bestimmt wird, dann wirst du dich am Ende des Weges entspannter, stabiler und besser fühlen, und zwar aus gesunden Gründen, die du selbst bestimmst. Du wirst ein Gewicht erreichen, mit dem du gut leben kannst, weil es für dich ganz persönlich dein ideales Gewicht ist. Aber daß es dasjenige ist, das dir derzeit vorschwebt, kann ich dir nicht versprechen. Ich kann dir aber versprechen, daß du lernst, aufzuhören, dich ewig mit dem Essen und deinem Gewicht zu beschäftigen. Dann kannst du dich endlich dem echten Leben zuwenden.

Folgst du mir, dann wirst du dem spirituellen Ausverkauf eine Absage erteilen, der unser Leben verarmen läßt, wendest dich nach innen und findest die Kraft, die dich aus

* »Abstinentes Essen« bedeutet bei den Overeaters Anonymous, nichtsüchtiges Essen, also Essen, das nicht mit Schuldgefühlen behaftet ist und von dem man spürt und weiß, es ist im Augenblick gesund und den wahren Bedürfnissen des Körpers angemessen.

dieser zwanghaften Spirale befreit. Du verschwendest nicht länger deine Lebensenergie, indem du etwas zu kontrollieren versuchst, was sich ganz offensichtlich jeder Kontrolle entzieht. Klingt das nach etwas, was du brauchst? Dann erzähle ich dir meine Geschichte.

Seit meinem fünften Lebensjahr bekam ich zu hören, daß ich zu dick sei (was nicht stimmte) oder aufpassen müsse, es nicht zu werden (was später tatsächlich zutraf). Ich bekam vorgeschrieben, was ich essen durfte und was nicht, außerdem, wieviel und zu welchen Zeiten. Die Art, wie ich selbst essen wollte, schien immer irgendwie falsch zu sein. Ich lernte nie, meinen eigenen Bedürfnissen auch nur ansatzweise zu trauen, weil ich gar nicht dazu kam, sie zu entwickeln. Ich durchlief eine Art Gehirnwäsche. Das wichtigste Ziel meines Lebens schien zu sein, die gerade durch die Prägung programmierte Katastrophe »Dicksein« abzuwenden (sonst würde ich nie einen Mann finden ... Kennst du das?) Ich hörte diese Litanei meine ganze Kindheit und Jugend hindurch, völlig egal, was ich wog. (Mein Lebensthema »Sucht« war damit in meinem Unterbewußtsein angelegt und infolgedessen auch auf seelischer Ebene konditioniert.)

Die Art, wie ich selbst essen wollte, schien immer irgendwie falsch zu sein.

Als ich neunzehn war, wog ich sechsundfünfzig Kilo bei einer Größe von einem Meter achtundsechzig – das war nun wirklich nicht zuviel. Ich hatte das »du bist zu dick oder wirst es in naher Zukunft sein, wenn du nicht aufpaßt« aber unterdessen so tief in den Gehirnwindungen sitzen, daß ich mich niemals als das wahrnahm, was ich in Wahrheit war: ein ganz normales, sogar recht gutaussehendes Mädchen. Ich litt unter meinem Körper und unter der Gefahr, häßlich zu werden. Denn daß »zu dick« das gleiche war wie »häßlich« und außerdem als Synonym für »definitiv nicht liebenswert« benutzt wurde, stand für mich völlig außer Frage.

Warum sonst wäre es so schlimm gewesen, dick zu werden? Zu dick zu sein war schlicht indiskutabel, gleichbedeutend mit völligem Versagen. Es würde mich in die Reihen derjenigen versetzen, die in der Tanzstunde sitzen blieben und niemals einen Mann fänden (ich kenne zwar niemanden, dem das passiert ist, aber derlei Programmierungen haben selten eine solide Grundlage). Gründlich gehirngewaschen, war ich selbstverständlich der Meinung, für Jungs nicht attraktiv zu sein, obwohl ich in den Pausen bei den coolen Mädels stand, rauchte und die richtigen Jeans trug. Ich strengte mich zwar ungeheuer an, hatte auch Freunde – nein, auch ich hatte nie die, die ich wollte, aber wer hatte das schon? –, aber dieses innere Gefühl, liebenswert und schön zu sein, das ging mir gänzlich ab. Ich zog mein Selbstwertgefühl aus meinen guten schulischen Leistungen. Außerdem war ich so sehr für andere da, daß ich eine äußerst beliebte Freundin war.

In der fremden Stadt fiel ich in eine Einsamkeit, die ich fast nicht beschreiben kann.

All das hat mich sehr geprägt, aber ich war nicht der Meinung, ich hätte ein Problem, denn jeder fühlte sich, so wie ich mich fühlte (ich beschreibe das nicht, um zu zeigen, wie schlimm es war, sondern weil ich sicher bin, daß du das selbst kennst). Als ich neunzehn war, zog ich nach Berlin, um mich als Krankengymnastin ausbilden zu lassen. In der fremden Stadt fiel ich in eine Einsamkeit, die ich fast nicht beschreiben kann. Meine ganze Familie lebte in der Nähe von Frankfurt und in Heidelberg, und ich war in Berlin plötzlich allein. Ich hatte mich zwar sehr danach gesehnt, dem familiären Haushalt zu entkommen, aber ich hatte nie gelernt, für mich selbst zu sorgen.

Romantisch und blauäugig wie wir Frauen in jungen Jahren es gern sind, wollte ich wegen eines Jungen (das Wort »Mann« verwendeten wir in diesem Alter noch nicht) nach Berlin ziehen, den ich zwei Jahre zuvor im Urlaub kennengelernt hatte – ist das nicht ein nachgerade klassischer Fall? Da schien es eine schicksalhafte Fügung, daß ich ausgerechnet in Berlin an der Schule für Physiotherapie angenommen wurde. Nun, es kam, wie es so oft kommt: Ein paar Wochen bevor ich nach Berlin kam, lernte er eine andere kennen, und ich mußte auf ihn verzichten. Natürlich zog ich trotzdem um, denn ich hatte der Schule bereits fest zugesagt, und klein beizugeben war sowieso nicht meine Art. Außerdem hatte ich natürlich die Hoffnung, daß sich alles regeln würde, wenn ich erst an Ort und Stelle wäre (was leider nicht passierte).

Schon immer reagierte ich auf Streß, Einsamkeit, Angst und Enttäuschungen völlig unbewußt mit Essen.

Vor dem Abitur kam es noch zu einem Gespräch zwischen mir, ein paar Freundinnen und meiner Deutschlehrerin. Wir redeten darüber, was wohl aus uns allen werden würde, wenn wir Schülerinnen erst studierten oder in die Lehre gingen. Ich sagte (und kokettierte ein wenig damit, weil ich es cool fand), ich würde wohl nichts mehr essen, nur noch rauchen und lernen, Kaffee zu trinken und bestimmt nicht richtig für mich kochen. Ich glaubte das wirklich. Aber das habe ich vollkommen falsch eingeschätzt.

Schon immer reagierte ich auf Streß, Einsamkeit, Angst und Enttäuschungen völlig unbewußt mit Essen. Entweder aß ich zuviel, oder ich aß gar nicht. Ich war nie ernsthaft magersüchtig und schon gar nicht so, daß man mich von außen betrachtet dafür halten konnte. Aber ich hatte auch Phasen, in denen ich es für Stärke hielt, nichts mehr zu essen – sie hielten nur nie besonders lange an. Meistens aber aß ich zuviel oder hätte zuviel gegessen, wenn ich es mir erlaubt hätte. Daß ich während meiner ganzen Jugend dennoch einigermaßen schlank war, lag nicht an den strengen Essensvorschriften daheim (denn wenn wir Schokolade essen wollen, dann hindert uns niemand daran, wir finden immer einen Weg, oder?). Es lag daran, daß ich ständig unglücklich verliebt war. Das unglücklich verliebt sein hielt immer wieder das Essen im Zaum, denn nun aß ich aus Angst, nicht schön genug zu sein, gar nichts mehr.

Meine Eltern ließen mich nur sehr ungern nach Berlin ziehen, sie hatten große Angst um mich und befürchteten, ich würde anfangen, Drogen zu nehmen. Denn ich hörte schon damals genau die Musik, die zum Beispiel im »Sound« in Berlin lief, der Diskothek, die Christiane F. in »Wir Kinder vom Bahnhof Zoo« beschrieb. Außerdem wußten sie, daß ich rauchte, und sie glaubten, der Schritt vom Rauchen zu anderen Drogen wäre sehr klein (was nicht stimmt, jedenfalls für mich nicht).

Ich war dann tatsächlich sehr oft im »Sound«, weil ich die Musik dort wirklich liebte und gern dazu tanzte. Der Laden war für mich das, was für andere die Stammkneipe war: ein Ort, an dem ich mich wohl fühlte. Hier spürte ich mich beim Tanzen. Aber meine Droge hatte ich längst gefunden. Wozu brauchte ich Hasch, Koks und Heroin, wenn ich endlich essen konnte, soviel ich wollte?

> *Der Laden war für mich das, was für andere die Stammkneipe war: ein Ort, an dem ich mich wohl fühlte.*

Nichts lag mir ferner, als morgens zu rauchen und Kaffee zu trinken. Ich begann zu essen, als würde ich dafür bezahlt. Gleichzeitig war ich weiterhin unglücklich verliebt, deshalb hatte ich mich immer soweit im Griff, daß ich nie dramatisch zunahm, nicht so, daß es wirklich auffiel. Ich hatte unterdessen einen Freund, der in meiner Heimat lebte (den Mann aus Berlin bekam ich ja sowieso nicht ...). Ich vermißte ihn ständig und wollte, wenn er alle drei oder vier Wochen für ein Wochenende zu Besuch kam, gut aussehen. Ich war zwei Jahre in Berlin und habe in dieser Zeit etwa acht Kilo zugenommen – nicht so viel also, daß es einen riesigen Unterschied machte.

Gleich zu Beginn meiner Zeit in der großen Stadt, lernte ich eine Frau kennen, die ein wenig älter war und in eine 12-Schritte-Gruppe ging. Sie wohnte genau über mir und war oft mein rettender Hafen. Sie hatte immer ein offenes Ohr, einen Tee und ein Lachen für mich. Denn ich war, wie gesagt, zutiefst einsam. Alles, was ich tat, war ein anderes Wort für Warten, und zwar auf den Augenblick, in dem ich endlich mit der Schule fertig sein würde. Diese Frau also erzählte mir von ihrem Suchtselbsthilfeprogramm, nahm mich sogar einmal mit zu den Anonymen Alkoholikern, als sie ein offenes Meeting hatten. Ich fand dieses 12-Schritte-Programm total bescheuert. All das Gerede über eine Höhere Macht und »nur für heute« – ach du meine Güte! In meiner Familie zählten Leistung und Selbständigkeit, nicht die Abhängigkeit von irgendeiner merkwürdigen Kraft. Das war wirklich nur etwas für Leute, die ihr Leben nicht auf die Reihe bekamen, oder? Das stimmt sogar ... nur war mir nicht klar, daß ich längst zu diesen gehörte.

> *In meiner Familie zählten Leistung und Selbständigkeit, nicht die Abhängigkeit von irgendeiner merkwürdigen Kraft.*

Ich las damals ein Buch über Eßstörungen, das »Anti-Diät-Buch« von Susie Orbach, und fand auch das völlig daneben, obwohl ich es vom akademischen Standpunkt aus verstand. Es berührte mich zwar, aber an einer Stelle, an der ich noch lange nicht berührt werden konnte und wollte. So aß ich auf die für mich typische Weise: Im Herzen war ich eine Ökofrau; ich kochte eine Woche lang nach der 7-Tage-Körner-Kur und kaufte nur im Bioladen ein. Dann kippte ich in die Sucht und aß sechs Semmelknödel hintereinander. Die verrückteste Diät, die ich machte, war folgende: Ich aß einfach gar nichts, nur einmal am Tag gönnte ich mir einen Schokoriegel. Ich freute mich den ganzen Tag auf diesen Schokoriegel und fand mich unglaublich klug.

Wenn du das blaue Buch der Anonymen Alkoholiker liest und dir die Geschichten anschaust, dann erkennst du, auf welche verrückte Weise sie versuchten, ihre Sucht zu kontrollieren. Einer zum Beispiel glaubte irgendwann ernsthaft, wenn er seinen Whiskey mit Milch tränke, dann wäre alles in Ordnung. Wenn du in einer süchtigen Phase bist, dann glaubst du die albernsten Dinge, weil du sie glauben willst. Genauso verrückt verhielt ich mich auch.

Weil ich immer wieder diese »normalen« Phasen hatte, glaubte ich nicht, daß ich ein Problem hatte.

Da ich aber im Grunde meines Wesens wirklich sehr gesund und vernünftig veranlagt bin, lernte ich immer genug und hielt mich letztlich mit gesunder Nahrung über Wasser. Ich hatte meine süchtigen, verrückten, depressiven und einsamen Tage, dann war ich wieder, wie ich mich kannte: Ich lernte diszipliniert, buk Brot und kochte Gemüse, traf mich mit Freunden, ging tanzen, räumte meine Wohnung auf und sorgte gut für mich. Weil ich immer wieder diese »normalen« Phasen hatte, glaubte ich nicht, daß ich ein Problem hatte. Ich wußte nicht, daß die wenigsten Süchtigen rund um die Uhr süchtig sind. Wir haben durchaus unsere stabilen Tage und Wochen – wir können uns nur nicht darauf verlassen, daß sie stabil bleiben.

Das Schlimmste an der Eßsucht ist die permanente innere Beschäftigung mit dem Essen, dem Gewicht und dem Aussehen. Du gibst niemals zu, daß du keine Kontrolle über dein Eßverhalten hast. Du lebst mit der ständigen Angst, endgültig zu den Dicken zu gehören. Vielleicht hast du deine Kleidergröße noch im Griff, aber das Essen schwebt wie ein Damoklesschwert über dir. Du kannst nie sicher sein, daß du nicht bald wie ein Walroß aussehen wirst. Du lebst in der andauernden Erwartung, daß du bald für immer in Kartoffelsäcken herumlaufen mußt. Wenn dir jemand sagt, daß du »doch gut aussiehst«, denkst du ironisch: »Ja, vielleicht. Noch.« Das Problem ist, daß es stimmt. Tatsächlich weißt du nie, wann das unkontrollierbare Verlangen dich wieder überwältigt, du weißt aber definitiv, daß du, wenn es soweit ist, nichts dagegen tun kannst. Dir ist klar: All deine Diäten funktionieren nicht. Und wenn sie das doch tun, dann dauert es nur ein paar Wochen, bis du deine alten, unförmigen Klamotten wieder auspacken kannst.

Du gibst niemals zu, daß du keine Kontrolle über dein Eßverhalten hast.

Über den Jojo-Effekt kann ich nur lachen. All das Gefasel über meinen Stoffwechsel lenkt mich nur davon ab, daß ich schlicht und ergreifend zuviel esse. Ich weiß nicht, was mein Stoffwechsel im Moment macht. Ich weiß aber, daß ich genau dann glücklich, zufrieden und innerlich ruhig bin, wenn ich von der Eßsucht genese, und nicht, wenn ich darüber nachdenke, wie mein Stoffwechsel mit all den Nahrungsmitteln zurechtkommt. Das kann bei dir anders sein, aber dann ist das Buch nichts für dich.

Hör auf, dich selbst mit Entschuldigungen zu betrügen! Dein Stoffwechsel ist nicht schuld an deinem Gewicht. Das hört sich zwar gewagt an, aber eine Sucht ist eine drastische Sache. Wir kommen mit Verleugnungen und Entschuldigungen nicht mehr weiter. Irgendwann spüren wir, daß all die Geschichten über unsere Schilddrüse und unseren Stoffwechsel stimmen mögen, uns aber nicht helfen, weil sie nicht einmal die Oberfläche dessen ankratzen, worum es bei uns wirklich geht. Wir reden in diesem Buch nicht über die Ursachen von Eßsucht. Die Ursachen sind einfach eine komische Art unseres Körpers, auf Zucker und Nahrung zu reagieren, eine Art Unverträglichkeit, und es nutzt nicht viel, die physiologischen Gründe dafür zu kennen. Aufhören können wir deshalb noch lange nicht. Doch es ist sehr leicht, diese Gründe als Rechtfertigungen heranzuziehen. Auch andere haben diese Probleme, reagieren allerdings nicht mit Essen darauf. Jetzt geht es darum, wie wir damit aufhören können. Auf dem Weg dahin werden uns all die Themen, die wir mit Essen in den Griff bekommen wollen, sowieso begegnen.

Daß wir überhaupt süchtig sind, liegt daran, daß unser Körper süchtig reagiert. Ich konnte rauchen, so viel ich wollte, ich reagiere nicht auf Nikotin, jedenfalls nicht mit einer Sucht. Gesund ist es natürlich dennoch nicht. Das ist kein Verdienst, es ist einfach nicht der Stoff, der mich süchtig macht. Als ich mit dem Rauchen aufhörte, hatte ich nicht die geringsten Entzugserscheinungen; und wenn ich heute eine Zigarette in die Hand nehme, dann bewirkt es bei mir nichts, ich muß nicht daran ziehen.

Daß wir überhaupt süchtig sind, liegt daran, daß unser Körper süchtig reagiert.

Ob ich dagegen soviel trinken könnte, wie ich wollte, weiß ich nicht. Ich befürchte aber, da reagiere ich schon empfindlicher, denn Alkohol verhält sich im Körper ähnlich wie Zucker. Nach Zucker bin ich definitiv süchtig. Fast jeder reagiert auf reinen Zucker mit Sucht. Vielleicht könnte jeder Mensch süchtig werden, wenn er mit seinem speziellen Gift oder Thema in Kontakt kommt. Ich kann auch nicht in Kasinos um Geld spielen, ich reagiere auch da ziemlich schnell zwanghaft. Also lasse ich es.

Wir müssen nicht lernen, mit unserem Suchtstoff umzugehen! Für einen trockenen Alkoholiker gibt es nur eine Möglichkeit, es zu bleiben – er trinkt keinen Tropfen. Wenn wir lernen wollen, mit unserer Sucht umzugehen, dann müssen wir lernen, das süchtige Verhalten zu lassen, sonst nichts. Es ist nicht deine Aufgabe, mit Schokolade, Chips oder jedem anderen Stoff, auf den du vielleicht süchtig reagierst, umzugehen, ihn unter Kontrolle zu bringen – nicht im dem Sinn, daß du lernen solltest, ihn vernünftig zu konsumieren. Du brauchst ja auch nicht zu lernen, Heroin in vernünftigen Mengen zu dir zu nehmen. Es gibt keinen Unterschied zwischen einer Drogen- und einer Eßsucht, sie sind beide absolut zerstörerisch. Süchte enden mit Depressionen, körperlichem, emotionalem und spirituellem Ruin, und letztlich enden alle tödlich. Das kannst du leugnen, aber das tun zum Beispiel Junkies auch dann noch, wenn sie kurz davor sind, umzukippen. Schau dich bitte für eine Minute von außen an, schau dir ins Gesicht. Kannst du mir immer noch widersprechen?

Wir müssen nicht lernen, mit unserem Suchtstoff umzugehen!

Wenn du süchtig auf Zucker oder Fett reagierst, ist das dein Suchtstoff, und die einzig vernünftige Art, damit umzugehen, ist, ihn zu vermeiden. Ein Alkoholiker, der genesen will, muß nur eines tun, aber das in jeder Sekunde: Er läßt das erste Glas stehen. Er muß und kann nicht lernen, nur ein bißchen Alkohol zu genießen. Er erkennt seine Sucht an und achtet auf sich selbst, indem er sie ernst nimmt.

Oft werde ich gefragt, ob es nicht feige sei, wenn man sich »seinen Süchten nicht stellt«, nicht bereit sei, zu lernen, mit dem jeweiligen Suchtstoff umzugehen. Ob man nicht lernen sollte, sich in der Höhle des Löwen aufzuhalten und innerlich stabil zu bleiben. Besonders wenn es um Beziehungssucht geht, also um die Sucht, gebraucht zu werden, glauben die wenigsten, daß Abstinenz die Lösung ist.

Halte es einfach, wähle den unkomplizierten Weg.

Doch darauf gibt es nur eine Antwort: Wenn du wirklich süchtig bist und glaubst, du solltest mit deinen suchtauslösenden Situationen umgehen lernen, dann ist es so, als wolltest du lernen, entspannt und gelassen in der Hauptverkehrszeit zu Fuß über eine vierspurige vielbefahrene Autobahn zu gehen – und als wolltest du das so lange üben, bis du es kannst. Du wirst wahrscheinlich nicht viele Versuche überleben. Die Lektion ist folgende: Nutze bitte die Fußgängerbrücke. Das ist nicht feige, sondern außerordentlich weise – und für den gesunden Menschverstand mehr als logisch. Wenn du in süchtigen Verhalten feststeckst, dann setzt meistens genau dieser gesunde Menschenverstand aus, egal, welche Drogen du nimmst, ob Zucker, Beziehungen, Alkohol oder Arbeit. Wenn deine Gedanken in einer von der Sucht beherrschten Schleife kreisen, kannst du nicht mehr klar denken. Es mag sich zwar logisch anhören, ist aber weder klar noch einfach, sondern verworren und kompliziert. Die »süchtigen« Gedanken bieten dir nur eine Rechtfertigung mehr, deine Sucht auszuleben. So heißt einer der wichtigsten Leitsätze in der Selbsthilfegruppe: Halte es einfach, wähle den unkomplizierten Weg.

Also noch einmal: Ist es feige, sich seinem Suchtstoff nicht zu stellen? Nein, es ist einfach und logisch. Wenn du mit etwas nicht umgehen kannst, weil es dir spirituell, körperlich und emotional schadet, wenn du alles versucht hast, es unter Kontrolle zu bringen, und gescheitert bist, laß bitte die Finger davon. Setz dich nicht länger mit deinem Stoff auseinander; stell dich deiner Sucht!

Wir reden hier also darüber, wie man aussteigt, wie man diese verrückten, selbstzerstörerischen und tief unglücklich machenden Verhaltenweisen sein lassen kann. Wir reden darüber, wie man zu einem stabilen Selbstwertgefühl findet und lernt, sich selbst zu vertrauen – soweit das überhaupt möglich ist. Ich bin seit acht Jahren abstinent, und ich weiß, ich werde nie wieder in die Suchtschleife geraten. Sollte ein Rückfall drohen, würde ich sofort Hilfe holen. Augenblicklich würde ich wieder in die Selbsthilfegruppe gehen, alles anwenden, was ich gelernt habe, und alles tun, um mit beiden Füßen auf der gesunden Seite zu bleiben. So, wie ich es im Moment auch mache. Mein ganzes Leben steht und fällt damit, daß ich die Finger von meinen Suchtstoffen lasse.

Ein Teil von mir hat sich aber immer noch nicht daran gewöhnt, daß ich »clean« bin. Ich kneife mir heute noch jeden Morgen in den Bauch, um zu testen, ob ich nicht über Nacht unerträglich dick geworden bin. Ich lebe noch heute in der andauernden Angst, wieder süchtig zu werden, und fühle mich freier und stabiler, wenn ich ab und zu in eine Selbsthilfegruppe gehe. Nur um sicherzugehen, daß ich innerlich im Zustand der Heilung bleibe.

Ich werde nicht lange darüber reden, warum es so schlimm ist, dick zu sein. Sei es mal für ein paar Wochen oder Monate, dann weißt du es. Es ist so schlimm, weil es sich nicht natürlich anfühlt, nicht, wenn du süchtig bist. Wenn du einfach ein paar Kilo mehr drauf hast und deinen Körper liebst, ist es wundervoll – dann bist du aber auch nicht dick, egal, wieviel du wiegst. Du würdest dich selbst jedenfalls nicht so bezeichnen, oder? Zu dick zu sein bedeutet, dich selbst als »ich plus X« zu fühlen. Es bedeutet, daß du spürst, etwas ist zuviel. Das bist nicht alles du. Es gibt ein Gewicht, eine Hülle, die krank ist oder sich krank anfühlt, die dir nicht entspricht, die dich nicht wirklich widerspiegelt, sondern ein Problem nach außen hin sichtbar macht. Wir brauchen nicht zu lernen, uns

Sollte ein Rückfall drohen, würde ich sofort Hilfe holen.

anzunehmen, wie wir sind. Denn dieses »plus X« sind wir nicht. Es ist nicht der Spiegel unserer Seele, und das spüren wir. Plus X ist unsere Krankheit.

Wie oft bin ich am Spiegel vorbeigegangen, habe seitlich reingeschaut und war erschrocken. Das bin ich nicht, dachte ich immer entsetzt, dann schob ich diesen Gedanken gleich wieder weg, denn ich wußte nicht, wie ich das ändern konnte.

Nachdem ich aus Berlin wieder zurück war, nahm ich stetig zu, dann wieder ein bißchen ab, dann wieder etwas mehr zu und immer so weiter. Irgendwann hatte ich dann wirklich nach außen hin sichtbar Übergewicht. Ich beschäftigte mich seit mindestens fünfzehn Jahren mit spirituellen Themen, hatte jede Menge Ausbildungen gemacht, meditierte viel, war mir sehr vieler Dinge vollkommen bewußt, konnte über meine Gefühle reden und all das – aber ich war einfach zu dick. Ich war »ich plus X«, und ich konnte nichts dagegen tun. All das Meditieren, das positive Denken, das bewußte Umgehen mit mir, meinem Körper und der Welt nutzte überhaupt nichts. Ich konnte meine Fettzellen nicht dazu bewegen, zu verschwinden, ich konnte nicht weniger essen, und ich war nicht bereit, richtig Sport zu machen, weil ich es ablehnte, mich nach Vorschrift zu bewegen. Ich hatte genug Vorschriften in meinem Leben, und ich strengte mich ausreichend an, fand ich. Dieser Eigensinn ist übrigens ein hervorragendes Zeichen dafür, daß mein Denken von der Sucht beherrscht war! Ich bildete all meine feinstofflichen Körper aus, wie du es, lieber Leser, liebe Leserin, sicher auch tust. Ich reinigte mich andauernd in irgendwelchen violetten oder weißen Flammen. Ich war ziemlich gut in meinem Beruf als Krankengymnastin und psychologische Beraterin – aber ich nahm kein Gramm ab. Irgendwann versuchte ich, das hinzunehmen, es zu

Das bin ich nicht, dachte ich immer entsetzt.

akzeptieren, aber letztlich ignorierte ich einfach meinen Körper. Ich konnte nicht anders.

Ich hatte das süchtige Schwarzweißdenken bis in die letzte Zelle verinnerlicht: Wenn ich bis heute abend nicht mindestens zehn Kilo abnehme, brauche ich gar nicht erst anzufangen; denn länger als einen Tag, nun ja, eigentlich nur einen halben, kann ich sowieso nicht hungern. Das stimmte sogar. Ich hatte nicht die geringste Vorstellung davon, wie ich es auf lange Sicht durchhalten sollte, weniger zu essen. Um so mehr, als weniger Essen gleichbedeutend war mit Mangel, Suchtdruck und unglaublicher Kontrolle. Ich konnte einfach nicht weniger essen. Ich hatte innerlich keine Möglichkeit, das zu tun, was nötig war, um dauerhaft abzunehmen. In einem klaren Moment sagte ich einmal zu meiner Schwester: »Das Leid, das ich durchmache, wenn ich weniger esse, ist viel schlimmer als das Leid, das durch die paar Kilo zuviel da ist. Damit kann ich leben. Ich kann aber nicht damit leben, weniger zu essen. Ich habe sonst nicht viel in meinem Leben, was mir Kraft gibt.« Also süchtiger kann man ja wohl nicht sein, oder? Das wußte ich aber damals noch nicht.

Ich konnte einfach nicht weniger essen.

Ich ging viel aus, besonders tanzen, lebte in einer festen Beziehung (durch eine Krankheit meines Partners allerdings in einer asexuellen). Ich verbrachte meine Abende nicht chipsessend vor dem Fernseher, sondern nahm am Leben teil. Genau deshalb dachte ich ja, daß ich wirklich kein Problem hatte. Denn eigentlich war ich erfolgreich, hatte viele Freunde und stand mitten im Leben.

Nur manchmal beschlich mich das Gefühl, das Leben fände ohne mich statt, ich lebte gar nicht richtig. Ich wollte in Wahrheit sowieso nicht hier sein, nicht auf der Erde, nicht in meinem Leben. Wenn ich genau hinsah, hatte ich nie genug Geld, arbeitete viel zuviel, hatte tiefe Angst, irgendwann einsam und arm zu sein. Ich konnte nie nein sagen, wenn jemand etwas von mir wollte. So toll lief es also in Wahrheit nicht. Aber, so sagte ich mir, immer noch sehr viel besser als bei vielen anderen. Ich hatte keinen Grund, mich zu beschweren, ich hatte auch keinen Grund, mich süchtig zu fühlen, denn ich hatte scheinbar alles im Griff.

Es sah alles ganz gut aus. Ich hatte zwar ein paar Kilo zuviel, aber nun ja, auch die würden irgendwann verschwinden. Da war ich mir sicher. Ich hatte die absolut unumstößliche und feste Absicht, dieses Thema eines Tages hinter mir zu lassen. Je mehr ich mich mit spirituellen Themen und der uns innewohnenden Schöpferkraft beschäftigte, desto klarer wurde mir, daß ich an dem Thema Übergewicht nicht scheitern würde. Ich hatte keine Ahnung, wie ich mein Problem lösen sollte, aber ich bestand darauf, daß sich meine Engel etwas einfallen lassen würden. Ich glaubte damals nicht an Engel, ich meine das im übertragenen Sinne: Ich wußte einfach, daß ich mir selbst auf der seelischen Ebene einen Plan B ausgedacht hatte; es konnte nicht sein, daß ich für immer mit all diesem Fett durch die Gegend laufen würde. Es fühlte sich zu falsch und fremd an.

> *Wenn ich genau hinsah, hatte ich nie genug Geld, arbeitete viel zuviel, hatte tiefe Angst, irgendwann einsam und arm zu sein.*

Zuviel Fett mit dir herumzuschleppen und nicht zu wissen, wie du es los wirst, ist so schmerzlich und falsch, daß du nicht anders kannst, als entweder zu verzweifeln oder es zu ignorieren. Es ist peinlich, du schämst dich in Grund und Boden, fühlst dich als Versager und verlierst jede Daseinsberechtigung. Wenn du dann noch einigermaßen bewußt lebst und dennoch keinen Schlüssel findest, mit dem du das Problem in den Griff bekommst, stehst du innerlich wirklich mit dem Rücken an der Wand.

Ich ignorierte also mein Gewicht. Ich mußte es ignorieren, denn in beruflicher Hinsicht war ich einigermaßen angesehen und erfolgreich. Die Menschen hörten auf das, was ich sagte, und ich konnte vielen tatsächlich eine Unterstützung sein. Wie hätte ich dazu stehen können, daß ich einen wirklich wichtigen Teil meines Lebens in keiner Weise unter Kontrolle hatte? Mein ganzes Selbstbild wäre zerbrochen; ich hätte mich allem stellen müssen, was darunter lauerte. Eine Falle, in die ich tappte, war meine feste Überzeugung, ich hätte es bereits getan. Ich hatte so viele Therapien hinter mir, ich hatte soviel geweint, betrauert und verstanden, mich mir selbst in so vielen Bereichen gestellt – ich verstand wirklich nicht, was das Thema »Essen« noch immer in meinen Leben sollte. Ich fand den Schlüssel nicht, sosehr ich auch danach suchte und so aufrichtig ich ihn auch finden wollte.

Es gab auch noch andere Themen, mit denen ich unzufrieden war. Zum Beispiel schrieb ich schon seit Jahren Romane, die kein Verlag annehmen wollte. Ich war auch in bezug auf das Schreiben allgemein ziemlich unglücklich, konnte es aber nicht lassen. Irgendwie wußte ich, daß ich eines Tages etwas veröffentlichen würde, wie und was auch immer. Eine Freundin testete einmal kinesiologisch aus, ob ich jemals Erfolg haben würde, es hieß: »Ja, wirst du.« Ich fragte, was mich blockiert, und mein Körper sagte: »Das Essen.« Damit konnte ich absolut nichts anfangen, denn es gab keine Möglichkeit, das zu ändern. Ich verzweifelte noch mehr. Außerdem verstand ich es nicht. Was sollte denn das Essen mit dem Erfolg beim Schreiben zu tun haben?

Ich ignorierte also mein Gewicht.

Stück für Stück sammelte ich aber meine Knochen ein, und Stück für Stück wuchs die Erkenntnis, daß sich etwas Grundlegendes ändern müßte, auch wenn ich nicht die geringste Ahnung hatte, was das sein sollte. Eines Tages hatte ich ein einschneidendes Erlebnis: An meinem Geburtstag umarmte mich ein Freund, um mir zu gratulieren. Voller Scham wand mich aus der Umarmung, damit er mein Fett nicht spürte. Mein Verhalten setzte in mir die Erkenntnis frei, daß etwas Grundsätzliches mit meinem Leben nicht stimmte. Ich konnte das Allerwichtigste, was wir alle brauchen, nicht mehr ertragen. Meine Scham vor meinem eigenen Körper und somit vor mir selbst zwang mich dazu, die Nähe zu anderen Menschen nicht mehr zuzulassen. In diesem Augenblick gestand ich mir ein, daß ich auch schon sehr lange keinen Sex mehr gehabt hatte. Unterschwellig war mir meine Situation zwar klar gewesen, doch ich hatte es nie wahrhaben wollen. Wie es war, paßte mir eigentlich ganz gut. So mußte ich mich meiner Scham nicht stellen. Ich aß einfach noch ein bißchen mehr und konnte die Schuld auf die Krankheit meines Partners schieben. Tatsache ist: Hätte ich einen gesunden Mann gehabt, hätte ich ihn ganz sicher andauernd abgewiesen.

Mein Verhalten setzte in mir die Erkenntnis frei, daß etwas Grundsätzliches mit meinem Leben nicht stimmte.

Ich wollte mich und meinen Körper unter gar keinen Umständen spüren, zu groß waren die Scham und mein eigener Widerwille gegen das Fett, gegen das »plus X«. Sex erinnerte mich nur daran, daß ich ein echtes Problem hatte. Das Zölibat war mir also ganz recht. So geriet ich immer tiefer in meine Opferrolle und verblendete das Ganze auch noch spirituell. Denn schließlich, so dachte ich damals, war das genau das Leben, das für mich vorgesehen war. Das stimmte natürlich auf einer gewissen Ebene, aber nicht auf der, hinter der ich mich versteckte.

Ich glaubte, Gott würde mich schon retten. Ich versteckte mich hinter meinem Fett und erwartete von Gott oder irgendeiner spirituellen Kraft, daß sie sich durch meine Mauer schlagen und mich erlösen würde. Ein Teil von mir fand die Vorstellung, in ein Kloster zu gehen und mich ganz meiner spirituellen Suche hinzugeben, sehr verlockend. Auf diesem Wege könnte ich mich unter meine weite, unförmige Decke zurückziehen und müßte mich mir nicht stellen (womit ich nicht sagen möchte, daß dies das ist, was Nonnen tun).

Doch eigentlich liebte ich das Leben. Ich wollte tanzen, erfolgreich sein und eine erfüllte Beziehung führen. Erfolgreich zu sein bedeutet für mich nicht, zu Ruhm und Geld zu gelangen. Ich wollte kein Leben führen, in dem es um anerkannte Werte ging. Ich wollte mich spüren. Meine Angelegenheiten sollten laufen, ich wollte mich mit leichter Hand verwirklichen können, wie auch immer das sein mag. Ich suchte das Gefühl, vom Leben unterstützt zu werden. Ich wollte gesund und glücklich sein. Außerdem wollte ich nicht kneifen. Wäre ich ins Kloster gegangen, hätte ich aufgegeben, kapituliert. Es mußte eine bessere Möglichkeit geben.

Es mußte eine bessere Möglichkeit geben.

Ich vermied damals alles, was mich mit meinem Körper in Kontakt brachte. Wenn ich tanzen ging, dann liebte ich die Musik und spürte mich zwar, doch das hatte nicht so sehr etwas mit meinem Körper selbst zu tun als mit der Kraft, die die Musik in mir erweckte. Aber ich schämte mich in Grund und Boden, wenn mich ein Mann berührte, fand mich nachgerade widerlich und abstoßend. Ich empfand mich als eine Zumutung. Ich zeigte der Welt lieber ein hübsches Gesicht, lächelte und zog Klamotten an, die mich verhüllten.

Heute weiß ich es besser. Ich weiß, daß all meine Therapiestunden Vorarbeit waren. Ich mußte erst meine Kraft sammeln, um mich meinem Problem mit dem Essen und allem, was damit zusammenhängt, stellen zu können. Heute weiß ich, daß all die vorangegangenen Jahre nichts als eine Vorbereitung waren. Denn das, was ich in den zwölf Schritten fand, setzte alles, was ich gelernt hatte, zu einem vollkommen stimmigen Bild zusammen. Die zwölf Schritte sind der Schlüssel, den ich immer gesucht hatte, ohne zu wissen, daß ich ihn suchte. Ich konnte ihn erst finden, als ich bereit dazu war, denn sie erforderten das Schwerste, was ich überhaupt nur leisten konnte: Ich mußte zugeben, daß ich süchtig war.

Die zwölf Schritte sind der Schlüssel, den ich immer gesucht hatte, ohne zu wissen, daß ich ihn suchte.

Eines Tages erkannte ich es schlagartig: Ich stand im Bad und war, wie immer, unzufrieden mit meinem Gewicht. Ich hatte mich zurechtgemacht, weil ich tanzen gehen wollte. In diesem Augenblick begriff ich. Es war, als ob sich in mir ein Schalter umlegte, mich die Erleuchtung erfaßte: Mit wurde klar, daß ich süchtig bin. Ich kann nicht anders. Ich muß mich immer wieder überessen. Ich kann nicht aus eigener Kraft aufhören. All meine Versuche, weniger zu essen, mußten scheitern. Mich durchströmte eine tiefe Erleichterung. Endlich hatte ich einen Namen für das gefunden, was mich so lange gequält hatte. Ich litt an »Eßsucht«.

Ich erkannte endlich, daß ich eine Krankheit hatte. Und es gibt Wege, sie zu heilen! Wenn du erst mal zugeben kannst, daß du süchtig bist, hast du die schwierigste Strecke auf dem Weg zur Genesung schon hinter dir. Du bist nicht verrückt oder zu schwach oder ein Versager. Du bist einfach krank. Für dich gibt es Hilfe; und ob du die annimmst oder nicht, ist deine Entscheidung.

In dem Moment, in dem ich erkannte, was für ein riesiges

Problem ich hatte, konnte ich endlich um Hilfe bitten. Ich wußte, ich hatte eine bekannte, erforschte und heilbare Krankheit, und ich wußte darüber hinaus, daß es Stellen gibt, an die ich mich wenden konnte. Ich bin zutiefst dankbar dafür, daß ich die zwölf Schritte schon kannte und nicht zu stolz war, um Hilfe zu bitten. Ich liebe mich in Wahrheit sehr und beschloß daher, nicht länger zuzulassen, daß ich länger litt, als es unbedingt nötig war. Ich habe nie verstanden, warum Menschen in ihrem Leid verharren, wenn sie bereits erkannt haben, daß es einen Weg hinaus gibt.

Warum nehmen wir nicht gern die Hilfe anderer in Anspruch? Vielleicht ist manchmal eine ungeheuer lange Zeit erforderlich, bis man das eigene Leid tatsächlich in all seiner Dramatik und Tiefe wahrnimmt. Solange es noch irgendwie geht, wehren wir uns mit Händen und Füßen dagegen, uns als krank zu bezeichnen, nicht wahr? Dabei stimmt es einfach. Eine Sucht ist eine definierte Krankheit, und du brauchst Hilfe, wenn du genesen willst. Wenn du in die Selbsthilfegruppe gehst und hörst, wie andere über ihre Sucht reden, erkennst du dich wahrscheinlich in fast jedem Punkt wieder.*

Ich bin zutiefst dankbar.

Es folgen nun die zwölf Schritte, wie die Anonymen Eßsüchtigen sie verwenden. Ich habe sie ein klein wenig anders formuliert, damit sie leichter verständlich werden, sie aber so dicht wie möglich am Original belassen. Das, was ich hier niedergeschrieben habe, basiert natürlich auf meinen ganz persönlichen Erfahrungen und ist nicht das, was die Gemeinschaft der OA (Overeaters Anonymous) vertritt. Ich werde dir auf den nächsten Seiten zeigen, wie ich sie erlebt habe, wie ich sie

* Am Ende dieses Buches findest du eine Liste mit einigen Fragen, anhand derer du erkennen kannst, ob dein Eßverhalten möglicherweise auf eine Sucht hinweist.

jetzt erlebe und damit umgehe, und ich hoffe sehr, daß du dadurch Lösungen und Wege findest, die du für dich nutzen kannst. Dieses kleine Buch spiegelt nur meine eigenen Erfahrungen, das, was ich persönlich mit den zwölf Schritten erlebt habe. Für dich kann es ganz anders sein.

Ich habe es geschafft, und du kannst es auch schaffen!

Natürlich breche ich gerade mit der Tradition der Anonymität, denn du kennst mich ja, weißt, wer ich bin. Aber ich halte es für sinnvoll, dir zu zeigen, wie mein Weg aussah, damit du ihn vielleicht so oder ähnlich selbst gehen kannst. Wenn ich spüre, daß meine Sucht durch das Schreiben wiederkommt, werde ich sofort damit aufhören, denn es gibt nichts Wichtigeres in meinem Leben als meine persönliche Heilung vom zwanghaften Essen. Ich teile meine Kraft, meine Hoffnung und meine Erkenntnisse mit dir, wie es in der 12-Schritte-Gruppe geschieht, mehr ist es nicht.

Wenn ich im folgenden »wir« schreibe, dann zeigt das nicht die übergeordnete Meinung der 12-Schritte-Gruppe, es bezieht sich selbstverständlich auch nicht auf bestimmte Personen, ich erlaube mir nur einfach, meine Erfahrungen ein wenig zu verallgemeinern. Zum einen, weil es mir sehr komisch vorkommt, alle zwei Sätze »ich« zu schreiben, zum anderen ist vieles von dem, was ich erlebt habe, sehr exemplarisch und typisch. Des weiteren mache ich das, damit du dich angesprochen fühlst und dich wiedererkennst.

Dieses Buch spiegelt meine ureigenen Hoffnungen und Einsichten. Viele haben ähnliche Geschichten und Hintergründe, aber ich kann nur für mich sprechen. Du bekommst von mir keine oder nur wenige spirituelle oder psychologische Erklärungen, du bekommst meine persönlichen Erfahrungen mit Sucht und dem 12-Schritte-Programm. Meine Botschaft an dich ist: Ich habe es geschafft, und du kannst es auch schaffen! Laß uns gemeinsam weitergehen!

Erster Schritt

Wir geben zu, daß wir dem Essen gegenüber machtlos sind – und unser Leben nicht mehr meistern können.

Bei dem ersten 12-Schritte-Treffen, das ich freiwillig besuchte, las ich diesen Satz laut vor. Er kam mir ein bißchen übertrieben vor, denn ich glaubte, ich könnte mein Leben durchaus meistern. Ich hatte nur ein kleines Problem mit dem Essen. Ich konzentrierte mich also zunächst auf den ersten Teil des Satzes. Ich war dem Essen gegenüber machtlos. Ja, das stimmte. Tiefe Erleichterung durchströmte mich, als ich diesen Satz aussprach. Nun konnte ich endlich zugeben und mir erlauben, die Kontrolle loszulassen.

Die Erleichterung dauerte eineinhalb Minuten, dann dachte ich noch einmal über den Satz nach. Machtlos, nun ja, möglicherweise. Zumindest ab und zu. Bestimmt nicht immer. Eigentlich fast nie, nur ganz selten, nur, wenn ich … wann eigentlich? So machtlos war ich ja nun auch nicht, oder? Ich konnte sehr wohl den ganzen Tag über gar nichts essen, ich brauchte weder Frühstück noch Mittagsessen. Klar, abends hatte ich dann Hunger, aber das war ja wohl normal, oder? Auf einmal überkam mich eine scheinbar bahnbrechende Erkenntnis: Ich war dem Essen gegenüber nur dann machtlos, wenn ich überhaupt aß! Zweiundzwanzig Stunden am Tag hatte ich überhaupt kein

Problem mit dem Essen. Ich aß auch nie heimlich oder kroch nachts mit Heißhungerattacken in den Kühlschrank. Was also machte ich in einer Suchtselbsthilfegruppe?

Gut, ich dachte oft darüber nach, was ich essen konnte, durfte und was nicht. Ich freute mich manchmal ein bißchen zu sehr auf das Essen, aber ich arbeitete auch hart und gönnte mir sonst nichts. Ich kochte sehr gesund, aß viel Salat, Gemüse und Vollkornaufläufe. Ich war doch nicht süchtig; schließlich saß ich nicht mit einem Kilo Schokolade und verschmiertem Gesicht vor dem Fernseher und schaute wie gelähmt auf die bunten Bilder, während ich die nächste Tafel aufriß.

Ich wußte nicht mehr, was es bedeutet, normal zu essen.

Prüfend schaute ich mich um und stellte fest: Alle anderen waren dicker als ich; ich gehörte irgendwie doch nicht hierher. So schlimm war es einfach nicht. Wenn ich mich ein bißchen mehr zusammenrisse, dann würde ich doch wohl das Essen in den Griff bekommen, oder?

Dieser Gedanke machte mich sofort unruhig. Ich wußte nicht, was es bedeutet, normal zu essen, und konnte mich sowieso nicht zusammenreißen. Im Supermarkt verlor ich die Kontrolle. Jegliche Entscheidungskraft kam mir abhanden. Ich konnte nicht zwischen dem, was ich brauchte, und dem, was ich nicht brauchte, unterscheiden. Ich war der Fülle von Essen, die mir zur Verfügung stand, vollkommen ausgeliefert. Es gab ein paar Nahrungsmittel, von denen ich wußte, daß ich nicht mit ihnen umgehen konnte, dazu gehörten Nüsse und Salzgebäck. Es hatte aber sowieso keinen Sinn, mich zusammenzureißen, da ich keine Ahnung hatte, wieviel Nahrung für mich gut war. Ich hörte niemals auf, zu essen, nur weil ich satt war. Solange ich noch Platz im Magen hatte, aß ich weiter. Aber war das wirklich eine Sucht? In dem Moment ging die Tür auf, und eine wunderschöne Frau betrat den Raum. Sie war hervorragend zurechtgemacht und hatte eine perfekte Figur. Sie stellte ein Bild vollkommener Schönheit und Selbstbeherrschung dar. »Ich bin Marianne (Name geändert), und ich bin eßsüchtig, hallo«, sagte sie mit sanfter Stimme. Sie setzte sich neben mich, lächelte mich an, und ich beschloß zu bleiben. Wenn diese Frau zugab, daß sie eßsüchtig war, dann sollte ich mir mein Problem noch mal genauer anschauen, dachte ich.

Ich hatte auf einmal die Vermutung, daß die Sucht viel früher begann, als ich bisher angenommen hatte. Vielleicht ging es weniger um das Ausmaß der äußeren Zerstörung als vielmehr um das verrückte Denken und die Angst, die hinter dem verzweifelten Versuch steckte, das Essen irgendwie unter Kontrolle zu halten? Eßsüchtige erkennst du nicht zwangsläufig. Nicht alle schleppen die ganze Zeit Tüten voller Essen mit sich herum. Wir sind weder übermäßig dick noch schlampig. Wir sind im Gegenteil meistens sehr erfolgreich und wirken äußerst selbstsicher und kontrolliert. Natürlich zeigt sich bei einigen das Übergewicht deutlicher als bei anderen, aber es gibt genug, die nur etwas füllig sind, vielleicht sogar ganz normal oder gar schlank. Dann siehst du gar nichts. Wenn ich außerhalb der 12-Schritte-Gruppe darüber geredet habe, daß ich eßsüchtig bin, dann schauten mich die Leute an, meinten: »Komm, so dick bist du doch gar nicht«, und wandten sich ab.

> *Vielleicht ging es weniger um das Ausmaß der äußeren Zerstörung als vielmehr um das verrückte Denken und die Angst.*

Nein, so dick sind wir meistens gar nicht. Aber schaut in unsere Köpfe, dann seht ihr, worum sich unser Tag, nein, unser ganzes Leben dreht. Wenn du in den Kopf einer Eßsüchtigen hineinschaust, dann siehst du Kalorientabellen, eine Waage, ein vollkommen falsches Bild, das sie selbst von sich hat, und Berge von Lebensmitteln, die sie entweder noch zu essen gedenkt, die sie gern essen würde, sich aber voller Angst versagt oder die sie gerade gegessen hat. Außerdem erkennst du eine panische Angst davor, die scheinbare Kontrolle über sich selbst und über das Leben zu verlieren.

Mein persönliches Paradies ist das Schlaraffenland, das Land der absoluten Freiheit und der unbegrenzten Möglichkeiten, mich meiner Sucht hinzugeben. Schaust du in meinen Gefühlskörper, dann siehst du nichts als Angst. Ich habe mein Essen nicht unter Kontrolle, ja! Aber noch viel weniger habe ich meine Gefühle in bezug auf das Essen unter Kontrolle, die Angst, zuzunehmen, den Versuch, irgendein System zu finden, das ich kontrollieren kann, und die Panik, auf das verzichten zu müssen, was ich so dringend zu brauchen meine. Ich will nicht eßsüchtig sein! Ich will nicht dick sein! Ich will gesund sein! Aber noch viel mehr will ich meinen Suchtstoff in mich hineinstopfen. Die hübsche Frau neben mir begann zu sprechen. Sie sprach darüber, daß sie nun seit ein paar Wochen abstinent vom zwanghaften Essen sei und daß sie langsam innerlich klarer werde, daß die Panik aufhöre und daß sie auch schon abgenommen habe. Außerdem sagte sie, daß der Suchtdruck langsam nachlasse. Ich hörte ihr zu und wußte nicht, wovon sie redete. Wir waren doch hier, weil wir süchtig waren, oder? Wie konnte sie abstinent sein vom zwanghaften Essen? Genau das war doch die Sucht, ich konnte es eben nicht! Ich verstand wirklich gar nichts mehr. Wenn ich doch zugebe, daß ich machtlos bin, wie kann ich dann erwarten, das zwanghafte Essen zu lassen? Woran erkenne ich überhaupt, was zwanghaftes Essen ist und was nicht? Jeder muß essen; woher weiß ich also, was gesundes und was süchtiges Essen ist? Und woher nimmt sie die Kraft, damit aufzuhören?

Außerdem erkennst du eine panische Angst davor, die scheinbare Kontrolle über sich selbst und über das Leben zu verlieren.

In dem Moment wurde mir klar, daß ich sehr wohl machtlos war. Wenn ich mich nicht überaß, dann nicht, weil ich die Kraft dazu hatte, sondern weil die Sucht gerade die Zügel schleifen ließ. Wenn sie wollte, dann konnte mich die Sucht mitten in der Nacht wecken und mich zum Kühlschrank treiben, sie konnte mich abends um elf an die Tankstelle zwingen, sie konnte dafür sorgen, daß ich den ganzen Tag an nichts denken konnte als an die Pizza, die ich am Abend essen oder eben nicht essen würde. Daß sie es nicht tat, war nicht mein Verdienst, sie war nur entweder noch nicht auf die Idee gekommen oder hatte keine Lust dazu. Daß ich nach außen hin nicht völlig durchgedreht und süchtig wirkte, lag am freundlicherweise recht sozialverträglichen Wesen meiner Sucht, nicht daran, daß ich irgendeine Art von Kontrolle über sie hatte.

In dem Moment wurde mir klar, daß ich sehr wohl machtlos war.

Gleichzeitig fand ich aber, dieser ganze erste Schritt klang wie angewandtes negatives Denken. Waren wir nicht alle eifrig dabei, unsere Gedanken zu kontrollieren? Sollten wir nicht positiv denken, sollte ich nicht lieber »ich bin Herrscherin über meine Sucht« oder »meine Sucht ist liebevoll und mir gut gesinnt, und ich kann sie nach und nach loslassen« zu denken beginnen? Nicht, daß ich es nicht lange Zeit versucht hätte. Aber es stimmte eben einfach nicht, es hatte gar keinen Sinn, so zu tun oder mir einzureden, ich hätte die Kraft, die Sucht zu beherrschen. Auch meine Fettzellen schmolzen nicht wie Wachs in der Sonne, obwohl ich ihnen dieses Verhalten mehrmals ans Herz gelegt hatte. Das Fett wandelte sich auch nicht in reine Energie und Liebe um, und ich konnte weder leicht noch einfach nur das zu mir nehmen, was mein Körper wirklich brauchte. All das positive Denken, so kreativ ich meine Affirmationen auch wählte, funktionierte einfach nicht. Außerdem, dachte ich:

Seien wir doch mal ehrlich, solange das Leben mir so viele Unannehmlichkeiten zumutete, konnte ich gar nicht aufhören zu essen. (Mein damaliger Partner war, wie ich bereits erzählte, gerade schwer erkrankt, und es forderte meine ganze Kraft und Aufmerksamkeit, mit seiner Krankheit umzugehen. Außerdem arbeitete ich als Krankengymnastin und hatte täglich mindestens fünfzehn Klienten, die alle meine Hilfe brauchten.) Woher bitte sollte die Kraft kommen, die ich brauchte, um für die anderen dazusein?

Hm. Hör dir diese Aussage bitte noch mal an: Ich muß süchtig essen, um meinen Partner unterstützen zu können und um in der Lage zu sein, meinen anstrengenden Beruf auszuüben. Mal ehrlich, klingt das, als würde ich mein Leben meistern? Nicht wirklich, oder? Auch der zweite Teil des ersten Schrittes stimmte offenbar: Mein Leben ist so stressig, daß ich meine Sucht brauche, um es geregelt zu bekommen. Da stimmt doch wohl etwas ganz Grundsätzliches nicht, oder?

Mein Leben ist so stressig, daß ich meine Sucht brauche, um es geregelt zu bekommen.

Kennst du das? Dieses Gefühl, daß du, wenn dein Leben nicht so nervenaufreibend wäre, auch aufhören könntest, zuviel zu essen? Beziehungsweise, wenn dein Chef nicht so unausstehlich wäre oder deine Mutter dich endlich loslassen könnte; wenn dein Partner aufhören würde, zu trinken, zuviel zu arbeiten oder was auch immer er deiner Ansicht nach zuviel macht; wenn du endlich eine schöne Wohnung hättest, Anerkennung bekommen würdest, genug Geld hättest? Glaubst du wie ich, daß, wenn sich alles andere um dich herum endlich ändern würde, du aufhören könntest zu essen?

Hört sich das an, als wären wir in der Lage, unser Leben zu meistern? Ich bin schon verzweifelt, wenn mein Auto nicht anspringt. Der Unterschied zwischen Süchtigen und Nichtsüchtigen ist folgender: Wenn dein Auto nicht anspringt und du bist gesund, dann holst du Hilfe oder findest sonst eine Lösung. Du jammerst nicht, sondern kümmerst dich einfach um das, was zu tun ist. Du tust das Wichtigste zuerst, rufst im Büro an, sagst Bescheid, daß du später kommst, und erledigst, was zu erledigen ist. Dabei bleibst du gelassen und ruhig, beziehst das Geschehene weder auf dich, noch schimpfst du mit Gott oder deiner Mutter. Du beschuldigst noch nicht mal deinen Mann, daß er sich wieder mal um nichts gekümmert hat. Es ist nur ein kaputtes Auto, nicht dein Leben.

Ich bin schon verzweifelt, wenn mein Auto nicht anspringt.

Bist du allerdings süchtig, erlebst du die Situation folgendermaßen: »Warum nur muß mir das immer passieren«, jammerst du, »das Leben ist doch schon hart genug! Ich kann damit jetzt nicht umgehen, ausgerechnet heute und ausgerechnet ich ...« Oder, die spirituelle Variante: »Was soll ich denn daraus jetzt schon wieder lernen, kann nicht irgendwas endlich mal glattgehen, ich hab doch schon so viel an mir gearbeitet ...« Nein, wir holen nicht einfach Hilfe, so einfach machen wir es uns nicht. Das Leben könnte ja glauben, wir würden diese Situation einfach hinnehmen. Wir hadern erst mal mit Gott und der Welt, damit klar wird, daß wir uns eine solche Zumutung nicht bieten lassen. Dann erst, aber auch das nur vielleicht, denken wir über eine Lösung nach und tun, was zu tun ist. Wahrscheinlich essen wir vorher noch eine Kleinigkeit und rufen dann im Büro an, um uns krank zu melden, denn die Situation hat uns einfach umgeworfen.

Das hört sich jetzt überspitzt an, aber das ist es gar nicht. Zur Sucht gehört bei vielen von uns ein immenses Selbstmitleid. Klar, wir alle tun so, als hätten wir unser Leben im Griff, und bestehen darauf, ein Höchstmaß an Selbständigkeit und

Unabhängigkeit zugebilligt zu bekommen. Aber in uns hört das Gejammer nicht auf, innerlich sind wir völlig verzweifelt darüber, daß uns nie jemand hilft, daß nie jemand für uns da ist, wenn WIR mal jemanden brauchen. Der Selbstbetrug funktioniert ganz einfach: Die Welt ist viel zu schlecht, als daß ich aufhören könnte, zuviel zu essen; erst muß ich mein Leben in den Griff bekommen, dann kann ich vielleicht darüber nachdenken, weniger zu essen. Nein, dann verschwindet der Drang, zuviel zu essen von allein, denn letztlich ist es ja nur ein Schutzmechanismus gegen die Härte der Welt und des Lebens. Eigentlich ist es sogar eine ziemlich gesunde Reaktion: Ich bau' mir einen Schutzpanzer, sonst würde mich das Leben glatt umwerfen. So gesehen, kann ich all dem Fett dankbar sein, denn es schützt mich davor, noch weitaus schlimmere Verletzungen davonzutragen … Ich weiß ganz genau, was sich alles ändern müßte, damit ich von ganz allein aufhören könnte, zuviel zu essen. Ich weiß nur nicht, wie ich das alles ändern soll … Wenn ich doch nur endlich mal eine schöne Wohnung hätte …

Aber in uns hört das Gejammer nicht auf.

Sag mal, glaubst du das wirklich? Oder langweilst du dich bereits zu Tode? Mehr ist es nämlich nicht, langweiliges Gejammer. Das Leben ist, wie es ist, und wenn du es nicht aushältst, brauchst du eine Kraft, die dich dabei unterstützt, aber bestimmt nicht noch ein Schokocroissant. Wenn du einem Alkoholiker gegenübersitzt, der dir sagt, er brauche erst mal einen Schnaps, damit er seine Probleme lösen könne, erkennst du sofort, wie absurd das ist: Der Schnaps fügt dem Problem, das er hat, nur noch ein weiteres hinzu. Nun, dein Schokocroissant tut das auch.

Was aber soll das für eine Kraft sein, die dir hilft, dein Leben zu meistern, wenn du selbst es nicht kannst? Was soll das für eine Kraft sein, die du anstelle des Essens in dein Leben bitten kannst? Ohne eine neue Kraft geht es nicht, wenn du dein Essen stehenlassen willst. Du brauchst etwas anderes, Besseres, etwas, was wirklich funktioniert. Du kannst dir nicht einfach etwas verkneifen oder schmerzlich versagen und dann mit leeren Händen dastehen. Nein, wir brauchen etwas, was uns sehr viel besser trägt als das Essen. Wir bestehen darauf, daß es eine Kraft gibt, die uns hält und unterstützt, denn ansonsten wäre das Leben wirklich nicht zu meistern, oder?

Was soll das für eine Kraft sein, die du anstelle des Essens in dein Leben bitten kannst?

Bevor du nun dieser neuen Kraft begegnest, biete ich dir eine Meditation an, in der du deine Kapitulation noch einmal spüren kannst. Damit signalisierst du, daß der Kampf gegen die Sucht endlich zu Ende sein darf. Du kannst ihn ohnehin nicht gewinnen, und deshalb verläßt du das Schlachtfeld.

MEDITATION

Mach es dir bequem, schließe deine Augen. Stell dir bitte eine Lichtsäule vor, eine strahlend helle Säule aus Licht, die vom allerhöchsten Gottesbewußtsein aus bis hinein in das Herz der Erde strahlt. Sie besteht aus reinem Bewußtsein, aus leuchtendem, belebendem Licht, sie knistert, und sie funkelt vor Helligkeit. Nun schau, ob du dich hineinstellen willst

in diese Lichtsäule, ob du es erlauben kannst und willst, daß dich das Licht voll und ganz durchströmt und durchflutet. Wenn du dich in diese Lichtsäule hineingestellt hast, dann atme tief durch. Nimm das Licht in dich auf, und bitte es, alles aus dir herauszulösen, was nicht mehr zu dir gehört. Sieh, wie es gleich Rauch aufsteigt und im Licht verschwindet. Die Lichtsäule schützt dich, durchflutet dich mit Kraft und mit Bewußtsein, sie stärkt die gesunden, klaren Anteile in dir. Du bist sicher und geborgen im Licht.
Nun bitte deine Sucht, dir zu erscheinen. Sie kann wie ein Monster aussehen, eklig und gemein, vielleicht wirkt sie auch sehr traurig oder müde auf dich. Wie auch immer sie aussieht, nimm wahr, wie du dich fühlst, wenn sie dir gegenübersteht. Nimm auch wahr, wieviel Angst du vielleicht vor ihr hast. Sie hat dich sehr lange Zeit im Klammergriff gehalten. Nun sieh sie dir an. Es kann sein, daß sie sehr klein und schwach wirkt, aber laß dich davon nicht täuschen. Auf allerhöchster Seelenebene kannst du natürlich mit dieser Energie umgehen, hier unten auf der Erde aber nicht. Bitte sie, dir in ihrer vollen Größe zu erscheinen, damit du den Gegner erkennst, gegen den du so lange gekämpft hast. Wie auch immer dir die Sucht erscheint – bitte verneige dich innerhalb deiner Lichtsäule vor ihr. Schau sie an, und sage ihr: »Du hast gewonnen, ich gebe mich geschlagen.«
Denn das stimmt. Du kannst gegen diese Sucht nicht gewinnen, und wenn sie noch so klein aussieht, sie kennt dich genau und weiß,

mit welchen Tricks sie dich einfangen kann. Und du mußt auch gar nicht gewinnen; du kannst den Kampf auf der Stelle beenden. Verneige dich also, und erkenne wirklich und aufrichtig an, daß deine Sucht stärker ist als du. Wenn es ein Symbol, einen Gegenstand oder etwas anderes gibt, worum ihr gekämpft habt, dann gib es ihr jetzt. Es gehört ihr, denn sie hat gewonnen. Du gibst dabei nicht auf, denn du bekommst eine ganz andere Kraft, wenn du den Kampf aufgibst. Was auch immer sie von dir fordert, gib es ihr, selbst wenn es ein Seelenanteil ist. Er kommt wieder zu dir zurück, keine Sorge, aber zunächst mußt du ihre Macht anerkennen. Du mußt deine Spielschulden bei ihr bezahlen, und worum auch immer ihr gekämpft habt, überlasse es ihr. Das ist wie beim Pokern. Spielschulden sind Ehrenschulden, zahle sie bitte an die Sucht, hier und jetzt. Wisse, daß du auf seelischer Ebene darum gebeten hast, das Wort »Demut« zu begreifen. Nun, das hier ist Demut. Lege die Waffen nieder, und verneige dich vor ihr, laß ihr den Triumph, sie hat ihn verdient. Denn wenn du ehrlich bist, mußt du einfach zugeben, daß sie gewonnen hat. Schau, wie die Sucht reagiert; meistens geht sie einfach weg.
Bleib noch ein bißchen in der Lichtsäule, nimm wahr, wie du dich fühlst, und spüre vor allem die Erleichterung. Nun, da du den Kampf beendet hast, kannst du dich dem Leben selbst zuwenden.

Was für Spiele man auch mit uns treiben mag, wir selbst dürfen kein Spiel mit uns treiben, sondern müssen mit äußerster Redlichkeit und Wahrhaftigkeit handeln.

Ralph Waldo Emerson (1803–1882),
US-amerikanischer Geistlicher, Lehrer,
Philosoph und Essayist

Zweiter Schritt

Wir kommen zu dem Glauben, daß eine Macht, größer als wir selbst, uns unsere geistige Gesundheit wiedergeben kann.

Nun ja, eine Macht, die uns unsere geistige Gesundheit wiedergeben kann, das ist nun doch wohl ein bißchen übertrieben. Ich bin ja nicht verrückt, oder? Ich esse nur zuviel und weiß nicht, wie ich das Leben aushalten soll, wenn ich mir nichts mehr »Gutes« tun kann. Denn das Problem mit der Eßsucht ist, daß sie so harmlos aussieht und so verniedlicht werden kann.

Wenn du nicht rauchst und ein Werbeplakat siehst, auf dem »ich rauche gern« steht, dann erkennst du, wie absurd das ist. Rauchst du allerdings, dann hast du gleich die Rechtfertigung für die nächste Zigarette, und genau darum geht es ja auch. Die Werbung redet dir nämlich erfolgreich dein vollkommen gesundes, weil angemessenes, ungutes Gefühl aus, das du bekommst, wenn du zur Schachtel greifst. Hänge ein Röntgenbild einer rauchgeschädigten Lunge daneben, und dann lies den Satz noch einmal. Dann kannst du auch gleich »ich bring mich gern um« schreiben. (Ich will hier keinesfalls die Raucher vorführen oder ausbeuten, aber das Rauchen ist eine Sucht, an der man die wirkenden Mechanismen gut verdeutlichen kann.) Da erkennt man die Verrücktheit relativ einfach.

Ist dir schon mal aufgefallen, daß all die Werbung für Süßigkeiten immer von schlanken, hübschen Schauspielern vorgeführt wird? Das spiegelt jedoch nicht die Realität wider. Gäbe es nur eine einzige ehrliche Werbung, würde »die zarteste Versuchung, seit es Schokolade gibt« von einer übergewichtigen, unglücklich aussehenden Frau angepriesen, die immer wieder zur Tafel greift, so oft sie sie auch in den Schrank räumen will, dann könnten wir sehen, wie verrückt das alles ist, oder? Und seit wann ist es eigentlich moralisch vertretbar, andere in Versuchung zu führen? (Du weißt hoffentlich, daß ich das nicht ganz so drastisch meine, natürlich ist es mehr als o.k., Werbung für Schokolade und Alkohol zu machen. Nur weil ich süchtig bin, kann sich nicht die ganze Welt danach richten. Das wäre sonst wieder süchtiges, selbstbezogenes Denken. Aber es gibt eben auch die Kehrseite der Medaille. Ich will dir nur zeigen, wie leicht es ist, die eigene Sucht zu verleugnen, weil sie so sehr unter den Tisch gekehrt wird, daß die Werbung sogar mit süchtigem Verhalten spielt.) Würde die Werbung für Alkohol von einem zitternden, selbstmitleidigen, jammernden oder wütenden und um sich schlagenden Alkoholiker vorgeführt werden, sänken die Umsatzzahlen wahrscheinlich rapide. Dabei zeigte das nur das ungeschminkte Gesicht dessen, wovon die Alkoholindustrie lebt. Süchtige sehen immer unglücklich aus. Schau dir bitte einmal selbst ins Gesicht, wenn du das erträgst. Für uns Süchtige ist Essen kein echter Genuß, sondern eine geheimnisumwitterte, beängstigende, unkontrollierbare, panikauslösende Angelegenheit, auch wenn wir das nicht gern zugeben. Hast du schon mal vor dem Spiegel gegessen? Ich auch nicht, ich ertrage es nicht.

Ist dir schon mal aufgefallen, daß all die Werbung für Süßigkeiten immer von schlanken, hübschen Schauspielern vorgeführt wird?

Ich hasse mich, wenn ich esse. Das bin nicht ich, das ist eine gierige, zitternde Frau, die nichts mit mir zu tun hat. Von außen siehst du das nicht, ich esse wie jeder andere auch. Von innen aber weiß ich, wer am Tisch sitzt, und wenn ich in den Spiegel blicke, dann erkenne ich sie. Ich will sie gar nicht wahrnehmen, so unglücklich ist sie, so hilflos, so ausgeliefert, und so sehr schämt sie sich. An diesem Zeitpunkt setzt die Verleugnung ein: So schlimm ist es ja gar nicht, ich esse doch nicht viel, ich weiß auch nicht, warum ich so schnell zunehme. Wenn ich ehrlich bin, und das bin ich in der Selbsthilfegruppe natürlich, sonst brauchte ich ja nicht hinzugehen, dann will ich gar nicht aufhören zu essen. Keiner, der süchtig ist, will das. Ich will nur nicht dick werden, und ich will mich gut fühlen. Die Sucht soll bitte weggehen, die Scham, das Unglück, das schlechte Gewissen, die Verzweiflung und das Fett. Aber laßt mir das Essen. Ich will essen, ohne mich zu schämen. Kann ich nicht lernen, ohne Schuldgefühle zu essen?

In der 12-Schritte-Gruppe hörte ich immer wieder, ich müsse nicht lernen, ohne Schuldgefühle zu essen, sondern das Essen, das mir Schuldgefühle bereitet, zu lassen. Die Schuldgefühle sind echt, sie sind ein Zeichen dafür, daß ich etwas tue, was nicht gut für mich ist. (Nicht alle Schuldgefühle sind echt, aber die hier schon; sie sind ein Warnsignal, daß du dein Essen mißbrauchst.)

Ich will essen, ohne mich zu schämen.

Also ich finde, das sind mehr als genug Zeichen dafür, daß ich geistig wirklich nicht ganz gesund bin, oder? Aber was für eine Kraft soll das sein, die mich heilen kann? Nun will ich mit dieser Frage nicht herumkokettieren. Ich beschäftige mich schon lange mit spirituellen Themen, das habe ich auch damals, als ich mich mit meiner Sucht konfrontierte, schon getan. Natürlich geht es um eine höhere göttliche Kraft. Du kannst sie auch die Kraft der Selbstheilung nennen, wenn du willst, die Kraft der Natur oder einfach die Kraft der gesunden inneren Anteile, die du ja auch hast, denn sonst würdest du nichts auf die Reihe bekommen. Ich hatte also bereits den Glauben, daß es eine höhere Macht gibt. Ich dachte nur, ehrlich gesagt, nicht, daß sie mir meine geistige Gesundheit wiedergeben könnte. Ich war gar nicht darauf gekommen, um Hilfe zu bitten. Zwar bat ich immer wieder darum, daß ich endlich dünner würde, aber daß ich um geistige Gesundheit bitten könnte – dazu mußte ich erst mal erkennen, daß sie mir abhanden gekommen war.

Ich konnte mir auch nicht vorstellen, wie meine geistige Führung meine Heilung bewerkstelligen sollte.

Ich konnte mir auch nicht vorstellen, wie meine geistige Führung meine Heilung bewerkstelligen sollte. Insbesondere, weil ich ihr nicht wirklich vertraute. Mit meinen Romanen hatte sie mich nämlich ziemlich hängenlassen, obwohl ich jeden Tag den klaren inneren Impuls spürte, zu schreiben, und dem auch folgte. Was hatte sie mir auch bis jetzt gebracht: Ich war tief unglücklich, ich war zu dick, ich war ständig pleite, arbeitete zuviel, hatte keinen Sex. Sie hatte mein Fett nicht dahinschmelzen lassen – warum sollte sie auf einmal für mich dasein? Ich konnte mir doch keinen Gott basteln, der all das von mir nehmen könnte. Es gab doch schon einen in meinem Leben, und der taugte nicht viel, empfand ich. (Ich erkannte erst viel später, daß mich diese Kraft immerhin dahin gebracht hatte, in die Selbsthilfegruppe zu gehen, die zwölf Schritte kennenzulernen, dadurch vom zwanghaften Essen zu genesen und über die zwölf Schritte relativ erfolgreiche Bücher zu schreiben … Aber an diesem Punkt war ich noch lange nicht.)

Also. Entweder es gibt eine höhere Macht, dann ist sie klar definiert, und ich kann sie mir nicht einfach zurechtzimmern, oder es gibt sowieso keine, dann ist es auch egal, dachte ich. Ich konnte mir einfach nicht vorstellen, wie ich an einen Gott glauben sollte, der mich heilen konnte. Bis jetzt hatte er schließlich kläglich versagt, und ich war wirklich ziemlich wütend auf diese Kraft. Diese Erkenntnis fand ich spannend, denn daß ich so dachte, hatte ich bislang noch nicht bemerkt. Der zweite Schritt entfernte mich also eigentlich zunächst von der spirituellen Kraft, die ich bislang wahrgenommen hatte. Ich spürte, wie enttäuscht und verzweifelt ich mich in Wahrheit fühlte, wie allein gelassen und einsam trotz der Kraft, an die zu glauben ich mich durchgerungen hatte. Das Glauben selbst war ein hartes Stück Arbeit gewesen, und jetzt stellte ich fest, daß ich nicht nur ein körperliches, sondern auch ein emotionales und besonders ein spirituelles Problem hatte. Mein Gott war irgendwie komisch; ich wußte nie genau, was er von mir wollte, und wenn ich mich führen ließ, geriet ich in Sackgassen. Ich hörte auf meine innere Stimme, das schon, aber ich gelangte dadurch nie zu dem Ergebnis, das ich mir wünschte: Weder war ich eine erfolgreiche Schriftstellerin, noch war ich auch nur ansatzweise dünn oder zumindest normalgewichtig. Außerdem hatte ich andauernd Schulden oder fühlte mich zumindest im Mangel. Ich lebte zwar in einer Beziehung, aber mein Partner war krank und mußte sich vielen Operationen und Therapiestunden unterziehen … Oftmals war ich mehr Krankenschwester als Partnerin. Was sollte das alles?

Ich spürte immer deutlicher, wie unglücklich ich in Wahrheit war, wie sehr ich eine Kraft brauchte, die mich trug. Aber das konnte nicht die Kraft sein, die ich kannte oder mir zurechtgezimmert hatte. Das Schwierige war, daß ich

Ich spürte immer deutlicher, wie unglücklich ich in Wahrheit war, wie sehr ich eine Kraft brauchte, die mich trug.

mir überhaupt nicht vorstellen konnte, wieso eine göttliche Kraft es überhaupt gut mit mir meinen sollte. Wenn jemand sagte, er wüßte, was gut für mich sei, dann folgte er normalerweise seinen eigenen Interessen. Ich hatte es bisher nur sehr selten erlebt, daß jemand wirklich für mich da war und jemandem mein Wohl wirklich am Herzen lag. Ich meine damit jemanden, der mich so unterstützte, daß ich meine Vorstellungen verwirklichen konnte und nicht das, wovon er meinte, daß es für mich und letztlich ihn gut wäre.

Eines Tages hörte ich in der Selbsthilfegruppe , wie jemand sagte, er würde einfach so tun, als gäbe es diese Kraft, ihm würde das helfen. Das wollte ich zumindest ausprobieren, entschied ich, denn ich hatte mittlerweile erkannt, daß ich wirklich Hilfe brauchte. Ich fand es zwar ein bißchen merkwürdig, einfach mal so zu tun, als ob, und ich dachte auch, das wäre eine besonders offensichtliche Form des Selbstbetrugs. Aber spirituelle Überheblichkeit konnte ich mir nicht mehr leisten, außerdem hatte ich beschlossen, alles anzunehmen, wenn es helfen könnte, egal, wie ich es selbst einschätzte. Der Susanne-Plan war sowieso nicht besonders erfolgreich, das mußte ich zugeben, deshalb schien es mir durchaus sinnvoll und klug, mal etwas anderes zuzulassen.

Ich schloß die Augen und bat eine stabile göttliche Kraft.

Eines Abends lag ich also im Bett und entschied, daß ich jetzt meine persönliche göttliche Kraft finden würde, der ich vertrauen konnte und die tatsächlich mein Wohl im Sinn hatte, die wollte, daß ich glücklich, gesund und zufrieden war. Natürlich kam ich mir egoistisch vor, aber irgendwie auch nicht. Ich wollte schließlich nicht auf Kosten anderer glücklich sein, sondern gesund werden. Ich schloß die Augen und bat eine stabile göttliche Kraft, die ich als solche erkennen konnte, die aber dennoch sehr persönlich war, in mein Leben. Augenblicklich erschien mir vor dem inneren Auge eine Frau, die aussah wie Scarlett O´Hara aus »Vom Winde verweht«. Eine wunderschöne Südstaatendame, die eine unglaubliche Kraft ausstrahlte und der ich vertraute. Sie würde niemals aufgeben, sie würde alles erreichen, was sie brauchte und wollte. Eine Frau, die so aussah, hatte bestimmt Spaß am Leben. Sie legte offensichtlich Wert darauf, gut auszusehen, war schlank, wirkte sehr selbstsicher und erfolgreich. Ich hatte einfach das Gefühl: Sie weiß, wo es langgeht, und von ihr kann ich sehr viel lernen. Wenn ich mich ihrer Führung anvertraute, dann würde ich gesund werden, das spürte ich.

Genau diese göttliche Kraft war es, die ich brauchte!

Wie sich herausstellte, war sie ziemlich streng und rigoros, aber auch sehr liebevoll und voller Lebensfreude. Genau diese göttliche Kraft war es, die ich brauchte! Ein Engel war ich selbst, Licht, Liebe und irgendeine esoterische nebulöse Energie spürte ich sowieso. Aber eine konkrete weibliche Kraft, die wußte, wie man sein Leben in die Hand nahm, kannte ich nicht. Es war wichtig, daß sie weiblich war, und es war wichtig, daß sie nicht aussah wie ein Engel. Sie wirkte eher wie eine Freundin, der ich vertrauen konnte. Niemals wäre ich auf die Idee gekommen, daß meine höhere Macht so aussehen würde, aber sie war zum damaligen Zeitpunkt genau richtig für mich, besser ging es gar nicht. Gerade spüre ich übrigens, daß sie noch immer da ist und daß sie auch heute noch genau die Kraft ist, die ich brauche.

In der Literatur von Overeaters Anonymous findet man folgenden Text:

»Wir sind bereit, jede Vorstellung von Gott aufzugeben,

die uns nicht hilft, vom zwanghaften Essen zu genesen. Wir müssen unsere alte Vorstellung von Gott durch einen Glauben ersetzen, der wirklich hilft. Das ist für uns demütigend und beängstigend, aber wenn wir erst einmal bereit sind, geschehen erstaunliche Dinge.«

Mein Gott funktionierte nicht, ganz einfach. Oder sagen wir lieber, er funktionierte bis hierher, denn er hatte mich immerhin in die 12-Schritte-Gruppe geführt. Aber jetzt mußte eine göttliche Kraft her, eine höhere Macht, der ich vertrauen konnte, die greifbar war, konkret, und von der ich wußte, daß sie mit meinen Angelegenheiten nicht nur vertraut ist, sondern daß sie sie meistern kann. Das hört sich an, als würden wir uns eine höhere Macht zurechtschustern. Vielleicht, ja vielleicht tun wir das. Aber wenn wir dadurch vom zwanghaften Essen genesen, kann sie nicht so weit von der echten göttlichen Kraft weg sein, oder?

Wir brauchen einfach eine Macht, der wir vertrauen.

Wir brauchen einfach eine Macht, der wir vertrauen, und wenn wir uns dazu eine ausdenken müssen, dann ist das auch egal, oder? Die Hauptsache ist, es IST eine Kraft, der wir bereit sind zuzuhören und der wir zutrauen, daß sie uns helfen kann. Wenn du es so willst, dann ist eine Aspirintablette auch eine höhere Macht, denn sie kann dir die Kopfschmerzen nehmen.

Wir brauchen also eine Kraft, egal, ob sie künstlich ist, ob du sie dir ausdenkst oder ob es eine echte, natürliche Energie ist. Wir müssen ihr nur zutrauen, daß sie uns heilen kann. Deine Selbstheilungskräfte tun den ganzen Tag nichts anderes, als dich zu heilen, auch sie sind in dieser Sache ein guter Ansprechpartner. Mir sind sie nur zu abstrakt, das reicht mir nicht. Meine persönliche höhere Macht ist eine Frau, die voller Energie, Kraft und Zuversicht durch das Leben zieht und mir zeigt, wie man das macht.

Viele von uns haben andere innere Bilder; such dir einfach das aus, was für dich paßt. Du kannst jede Comic- oder Märchenfigur, jede Romanheldin, jeden Erzengel bitten. Es ist wirklich egal. In der 12-Schritte-Gruppe sagen wir: Halte es einfach, mach es nicht zu kompliziert. Denn auch das Verkomplizieren gehört zum süchtigen Denken. Wähle eine Form, die dir zusagt, und dann trau dich, ihr zu vertrauen. Es ist ein großer Schritt, und er erfordert Mut, aber ohne ihn drehst du dich im Kreis.

Für mich war meine höhere Macht eine riesige Überraschung, doch zum erstenmal hatte ich eine Kraft, der ich vertraute. Ich hatte bislang immer versucht, etwas zu spüren, und ich erwartete großartige spirituelle Gefühle und Erkenntnisse. Diese Kraft war allerdings ganz anders. »Rück mal zur Seite«, sagte sie mir, als ich ihr das erste Mal in meinem Innern begegnete, denn aus irgendeinem Grund erlebte ich mich dabei in einem Auto sitzend. Ich ließ sie bereitwillig ans Steuer und wußte nicht, wohin sie mich fahren würde. Ich wußte aber, wenn eine den Weg kennt, dann sie. Sie war mit meinem eigenen Seelenplan verbunden, sie wußte einfach, wie ich gesund, glücklich und erfüllt leben konnte. Ihr mein Leben anzuvertrauen war eine logische Konsequenz ... das dachte ich zumindest ...

Viele von uns haben andere innere Bilder; such dir einfach das aus, was für dich paßt.

»Willst du denn alles so gelassen wagen?«
»Ich hab' es in der Götter Hand gelegt.«

Johann Wolfgang von Goethe (1749–1832),
deutscher Dichter, Naturwissenschaftler und Staatsmann

Dritter Schritt

Wir fassen den Entschluß, unseren Willen und unser Leben der Sorge Gottes – wie wir ihn verstehen – anzuvertrauen.

Gibt es etwas Schwierigeres, als unseren eigenen Willen aufzugeben? Gibt es etwas Schwierigeres, als bedingungslos einer höheren Macht zu folgen? Nein! Ich konnte nicht gleichzeitig das tun, was eine äußere Kraft von mir verlangte, und wieder in die alten Verhaltensweisen zurückfallen. Es zählten entweder ihr oder mein Wille. Ich sah diesen inneren Prozeß vor mir wie eine Straße. Wir saßen im Auto, sie fuhr. Links und rechts gab es immer wieder Abzweigungen, von denen ich wußte, daß sie in Sackgassen führten, ich konnte dennoch nicht verhindern, doch immer wieder hineinzurennen. Meine höhere Macht aber war wundervoll geduldig. Wenn ich aussteigen wollte, dann hielt sie an, ließ mich in meine Sackgasse rennen und wartete auf mich. Stieg ich wieder ein, fuhr sie weiter.

Ich konnte zum Beispiel immer noch nicht aufhören, zuviel zu essen. Ich wußte zwar genau, was zwanghaftes und schuldhaftes Essen war und was nicht, aber ich war noch nicht bereit, das süchtige Essen loszulassen. Zu groß war die Angst vor der Leere, die ich dann spüren mußte, zu groß war die Hoffnungslosigkeit. Ich wußte vor allem nicht, warum ich aufhören sollte, zuviel zu essen. Ich fragte mein höheres Ich oft, wie ich lernen könnte, abstinent vom zwanghaften Essen zu werden, aber alles, was ich dann spürte, war eine bodenlose Angst. Diese Angst war wie ein schwarzes Loch. Ich ahnte, daß ich diese Leere mit zwanghaftem Essen zustopfte.

Nach und nach lernte ich, zwanghaftes von nicht zwanghaftem Essen zu unterscheiden. Dennoch konnte ich mich noch nicht endgültig entscheiden, zwischen süchtiger Nahrung, von der ich wegkommen mußte, und gesunder Nahrung, die gut für mich war, zu unterscheiden. Für mich war essen immer schwierig, ich hatte mit dem Essen im allgemeinen Probleme, dachte ich. Nach und nach erkannte ich, daß das gar nicht stimmte. Es gab durchaus Möglichkeiten, so zu essen, daß ich mich gut fühlte, innerlich stark und stabil blieb und nicht in dieses unangenehme Gefühl rutschte, mal wieder versagt zu haben. Ich hatte zuvor immer irgendwelche abstrusen Regeln aufgestellt, nach denen ich mich zu richten versuchte, aber mit gesundem Eßverhalten hatten sie nichts zu tun. Ich versuchte, mir meine eigenen Diäten zurechtzulegen, und so war mein Augenmerk seit sehr langer Zeit auf »abnehmen« gerichtet, nicht auf »gesund und abstinent«.

Nach und nach lernte ich, zwanghaftes von nicht zwanghaftem Essen zu unterscheiden.

Ich erkannte, daß das Abnehmen in der Selbsthilfegruppe erst an zweiter Stelle stand. In erster Linie ging es dort um das geistig gesunde, also nicht süchtige, Essen und damit auch um das nicht süchtige Denken. Und das bezieht sich nicht auf bestimmte Lebensmittel, jedenfalls nicht zwangsläufig. Die meisten von uns kennen ihre Liste mit den Nahrungsmitteln, die sie augenblicklich in die Sucht führen, ziemlich genau, und sicher sieht sie bei vielen recht ähnlich aus. Doch es gibt keine Regeln, was man essen darf und was nicht. Es gibt nur deine eigene Sucht und deine eigene Genesung mit ihren eigenen Regeln.

Als ich zu erkennen bereit war, daß ich bestimmte Nahrungsmittel meiden muß – und zwar nicht weil sie mich dick, sondern, weil sie mich süchtig machen –, veränderte sich meine ganze Sichtweise. Es gab auf einmal Gesetze, die ich für mich selbst erkennen und befolgen konnte. Damit hatte ich einen Plan. Plötzlich war ich dem Essen nicht mehr hilflos ausgeliefert. Ich erkannte, daß es tatsächlich eine Möglichkeit gab, mich auf eine Weise zu ernähren, die mich stabil und sicher erhielt, die ich meistern konnte. Ich sah auf einmal, wie andere es machten. Obwohl ich es selbst noch nicht ausprobiert hatte, begann etwas in mir zu glauben, daß Heilung möglich war. Mir wurde auch klar, daß dies eine viel grundsätzlichere Genesung sein würde, als ich ursprünglich angestrebt hatte.

Die Fixierung auf das Abnehmen begann zu schwinden, und der Wunsch, gesund und entspannt zu essen, das Essen zu genießen und es bis zur nächsten Mahlzeit wieder zu vergessen, wurde immer größer. Anfangs schien es mir unerreichbar, mich zwischen den Mahlzeiten mit dem Leben beschäftigen zu können und nicht mit der Angst vor der nächsten Mahlzeit. Immer klarer erkannte ich, wie das Essen und vor allem die Angst vor dem Essen mein Leben bestimmten. Sie schwang unterschwellig irgendwie immer mit. Das Essen war wie eine fremde, unheimliche Macht, die ich nicht im Griff hatte. Ich brauchte dringend meine Rituale, an denen ich mich festhalten konnte. Ich hatte ganz feste Gewohnheiten, was das Essen betraf. Zwanghaft preßte ich mein Essen in einen Rahmen, der nach außen hin ziemlich seltsam wirken mußte. Zum Beispiel aß ich tagsüber nichts, keine richtige Mahlzeit. Dafür aß ich abends. Natürlich ist das nicht gesund, aber darum ging es nicht, es war wenigstens, so schien es mir, einigermaßen kontrollierbar.

Plötzlich war ich dem Essen nicht mehr hilflos ausgeliefert.

Immer wieder hörte ich außerhalb der Gruppen, wenn ich tagsüber äße, hätte ich abends nicht soviel Hunger und bräuchte dann nicht soviel zu mir zu nehmen. Aber das stimmte natürlich nicht, denn es ging ja gar nicht um Hunger. Ich würde abends kein Gramm weniger essen, nur weil ich bereits zwei Mahlzeiten gegessen hatte. Die müßte ich dann aber auch noch mit mir herumschleppen.

Ich bin eßsüchtig. Ich brauchte keine Informationen über das, was gesund ist und was nicht. Es nervte mich nur, wenn Leute, die einfach keine Ahnung hatten, wie sich eine Sucht anfühlte, mir Verhaltensmaßregeln vorgeben wollten. Ich hatte genug damit zu tun, die Sucht zu kontrollieren, damit ich einigermaßen stabil blieb. Wenn ich mich an gesunde Regeln halten könnte, würde ich es tun, oder? Meine Not lag viel tiefer. Ich brauchte keine Informationen, ich brauchte einen Systemwechsel. Ich brauchte echte Heilung. Ich hatte immer Angst vor dem Essen, und wenn ich es vermeiden konnte, vermied ich es auch, ganz einfach. Mit drei Mahlzeiten am Tag konnte ich unter keinen Umständen umgehen. Das wären drei Versuchungen gewesen, denen ich nur unter äußerster Kontrolle und Anstrengung widerstehen würde.

Ich brauchte keine Informationen, ich brauchte einen Systemwechsel.

In der 12-Schritte-Gruppe erfuhr ich, daß das Geheimnis ›abstinentes Essen‹ hieß. Was auch immer das bedeutete. Offensichtlich gab es das, es gab eine Möglichkeit, aus dem Tanz mit dem Teufel auszusteigen. Ich war zwar immer noch weder bereit noch in der Lage, es auszuprobieren, aber ich erkannte, daß es um etwas vollkommen anderes ging als um die schmerzhafte, angestrengte und erfolglose Kontrolle der Kalorien.

Warum aber nahm ich diese Hilfe, dieses Werkzeug, nicht einfach an und fand mit Hilfe der 12-Schritte-Gruppe oder eines einzelnen heraus, was ›abstinentes Essen‹ für mich bedeutete? Man nennt das »einen Sponsor suchen«, das ist jemand, der sich bereit erklärt, einen in allen Situationen zu unterstützen.

Ich kannte diese großartigen Momente schon, in denen ich meiner inneren Stimme gefolgt war, sie hielten aber nicht lange an. Ich fand mich letztlich immer wieder auf dem Boden der Tatsachen wieder. Ich hatte einfach Angst, daß ich mein Leben nicht würde meistern können, wenn ich nicht wenigstens das Essen hätte, das mir Kraft gab. Ich erkannte und gab zu, daß ich mein Leben – wie es Schritt eins verlangt – wirklich nicht meistern konnte. Aber das einzige, was mir die Kraft gab, es auszuhalten, war nun mal das Essen. Es war mir ein Rätsel, wie ich es sein lassen sollte. Ich geriet in Panik, wenn ich daran dachte: Alles würde auseinanderbrechen. Ich könnte nicht mehr für meine Patienten dasein. Ich könnte mich nicht mehr ausreichend um meinen Partner kümmern.

In Wahrheit hatte ich Angst davor, all das zu spüren, was ich so lange unterdrückt hatte.

In Wahrheit hatte ich Angst davor, all das zu spüren, was ich so lange unterdrückt hatte. Es gab so viel, was ich unterdrückte, so viele Gefühle und Bedürfnisse, die ich mit Essen in Schach hielt. Wenn ich wirklich aufhören wollte, mich selbst mit Essen zu beruhigen, dann konnte ich vieles von dem, was ich lebte, nicht mehr aufrechterhalten; aber einen Plan B hatte ich noch nicht. Ob meine höhere Macht einen hatte, wußte ich nicht; ich hoffte es zwar, aber ich konnte es mir nicht vorstellen. Wäre ich nicht längst drauf gekommen, wenn es bessere Lösungen gäbe? Eigentlich traute ich mir durchaus zu, mein Leben zu meistern. Mittlerweile bestand ich sogar darauf. Wer sonst, wenn nicht ich? Wenn ich auf keine Lösung kam, dann gab es wahrscheinlich auch keine. Ich war so sehr in die Selbständigkeit gezwungen worden, ich kannte nur meinen eigenen kleinen Horizont, ich war weder offen für echte göttliche Lösungen, noch konnte ich mir welche vorstellen. Ich war es nicht gewohnt, echte Hilfe und Unterstützung zu bekommen, die wirklich mich meinten und nicht das Bild, dem ich entsprechen sollte.

Ich war zum Beispiel felsenfest davon überzeugt, daß es völlig egal war, in welcher Krankengymnastikpraxis ich arbeitete. Patienten waren schließlich überall gleich, die Arbeit war dieselbe, und ich konnte mich mit fast allen Menschen so gut verstehen (oder mich so gut anpassen), daß eine entspannte Zusammenarbeit möglich war. Tatsächlich litt ich sehr unter dem Gefühl, daß meine ganzheitliche Art der Physiotherapie (ich beschäftigte mich schon lange mit den Zusammenhängen zwischen Körper, Geist und Seele) in der Praxis, in der ich arbeitete, nicht anerkannt wurde. Ich wurde oft ermahnt, ich solle doch bitte konventioneller behandeln. Das ging mir gegen den Strich, weil ich das längst nicht mehr wollte. Es gelang mir nicht, mir vorzustellen, daß es Praxen gab, in denen ganzheitliche Therapiemethoden auch vom Chef unterstützt wurden. Ich kannte nur jene, in denen die Angst vor den Krankenkassen, der kassenärztlichen Vereinigung und vor den nächsten Gesundheitsreformkürzungen grassierte – und war ich nicht auf genau dem gleichen Opfertrip, indem ich nicht daran glaubte, daß es eine für mich ideale Art zu arbeiten gab?

Ich war es nicht gewohnt, echte Hilfe und Unterstützung zu bekommen.

Ich kam nicht darauf, daß meine Art zu arbeiten vielleicht auch ein Geschenk sein konnte, eine neue Möglichkeit der Behandlung, die viele Menschen, gern annehmen würden. Ich war es so sehr gewohnt, daß meine Art, Dinge zu tun, irgendwie komisch und anders war – ich, das Opfer der äußeren Umstände –, obwohl ich mich unterdessen gut mit der Technik des Manifestierens und mit »Affirmationen«

auskannte. Es funktionierte bei mir nur nie so richtig, weil das Leben offensichtlich einen anderen Weg für mich vorgesehen hatte. Hätte es funktioniert, wäre ich nie auf das Thema »Sucht« gestoßen worden.

Schließlich hörte ich in einem sehr wichtigen Bereich meines Lebens nicht auf meine Führung und meine innere Stimme, und das blockierte alles andere – das wußte ich aber noch nicht. Also unterdrückte ich meine Energie, aß wieder ein bißchen mehr, langweilte mich bei den Behandlungen oftmals, weil ich was ganz anderes machen wollte, und hoffte auf eine unbestimmte Zukunft. Das war überhaupt der Schlüssel, erkannte ich in der Selbsthilfegruppe. Das Essen erlaubte es mir, mein Leben in eine unbestimmte Zukunft zu verschieben. Aber solange die noch nicht da war, hielt ich meine Lebendigkeit und meine Impulse in Schach, indem ich meinen Solarplexus, den Magenbereich, zustopfte und damit verstopfte.

Auf diese Weise brauchte ich nicht zu spüren, was ich wirklich wollte, und wurde nicht mit meiner Ohnmacht konfrontiert. Denn ich wußte wirklich nicht, wie ich für das, was ich brauchte, sorgen sollte. Heute weiß ich: Für einige Dinge war die Zeit noch nicht reif, weder außen noch innen. Dennoch hätte ich mit Sicherheit damals schon eine Praxis gefunden, die meine Art der Arbeit dankend willkommen geheißen hätte, es gab schon immer mutige Vorreiter.

Das Essen erlaubte es mir, mein Leben in eine unbestimmte Zukunft zu verschieben.

Irgendwann, als ich abstinent und nicht mehr in meiner eigenen Opferhaltung gefangen war, wurde ich schließlich in eine solche Praxis geführt. Es passierte einfach so; eine Patientin sagte mir, sie wisse, daß man in einer mir unbekannten Praxis jemanden suchte. Ich rief an, stellte mich vor und hörte als erstes, daß sie sich dort mit traditioneller chinesischer Medizin beschäftigten und jemanden suchten, der ganzheitlich arbeite – es paßte wie ein Schlüssel ins Schloß. Ich hatte gar nicht oder nur am Rande an einen Wechsel gedacht, aber er kam wie gerufen und genau zum richtigen Zeitpunkt. Wenn du wirklich eins mit dem Fluß des Lebens bist, genügt oft der Funke eines Bedürfnisses, und das Leben sorgt für dich, weil das Bedürfnis Ausdruck des göttlichen Willens für dich ist. Es war für mich an der Zeit, auf eine neue Weise zu arbeiten, und deshalb brauchte ich eine andere Umgebung. Kaum hatte ich das auch nur ansatzweise gespürt, schon war sie da. Das zeigt, daß mein Energiefeld in diesem Bereich offen und die Energien im Fluß waren. Diese Offenheit entsteht, wenn ich nicht mehr versuche, alles zu kontrollieren. Ich habe mein Energiefeld meiner höheren Macht zur freien Verfügung geschenkt.

Ohne die zwölf Schritte und ohne die Abstinenz vom zwanghaften Essen hätte ich das nie getan. Durch den dritten Schritt wurde ich mit all meiner Angst konfrontiert. Ich war besessen davon, alles und jeden zu kontrollieren. Ich war es so sehr gewohnt, daß es mir nicht einmal bewußt war. Vielmehr hielt ich es für ein Zeichen von Stärke. Hinter all dem Essen lauerte panische Angst – Existenzangst. Mir war nicht klar, daß ich das Gefühl hatte, das Leben könnte mich nicht tragen. Ich bemerkte, wie oft ich eine Kleinigkeit aß. Nach jedem Patienten mußte ich rasch einen Keks essen oder einen Schluck Kaffee trinken. Abends freute ich mich auf mein Essen, ich wurde erst dann ruhig, wenn ich mir den Bauch vollgeschlagen hatte. Das funktionierte durchaus auch mit Salat oder Gemüse, dennoch war es süchtiges Überessen. Ich konnte nicht aufhören, wenn ich satt war, sondern erst, wenn ich voll war. Dann mußte ich mich selbst nicht mehr spüren.

Durch den dritten Schritt wurde ich mit all meiner Angst konfrontiert.

Ich war, ehrlich gesagt, ziemlich erschüttert darüber, wie wenig ich es ertrug, meine Gefühle und meine Bedürfnisse zu spüren, denn ich hatte wirklich eine ganze Menge Therapiesitzungen hinter mir. Es gab durchaus sehr vieles in mir, was ich zulassen und ausdrücken konnte. Aber hier ging es um etwas, was noch tiefer lag, hier ging es um pure Existenzangst. Ich war es so sehr gewohnt, im Mangel zu sein und nicht zu sagen, was ich brauchte, weil ich es sowieso für unerfüllbar hielt, daß ich gar nicht anders konnte, als mich selbst mit Essen in Schach zu halten.

Immer deutlicher spürte ich, daß mir das Essen dazu diente, mich selbst nicht wahrzunehmen und das Bild, das ich nach außen zeigte und meiner Meinung nach auch zeigen mußte, aufrechtzuerhalten. Vom Verstand her wußte ich das schon länger, aber jetzt spürte ich es auch. Weil ich in einem engen Kontakt zu meiner höheren Macht stand, wurde mir immer stärker bewußt, wie oft am Tag ich aus dem Wagen, der in Richtung Heilung fuhr, ausstieg und in eine wie auch immer geartete Sackgasse rannte. Häufig tat ich also Dinge, die ich nicht tun wollte, bei denen ich mich langweilte oder gegen die ich sogar Widerwillen hatte – immer wieder Gründe, noch einen Keks zu essen. Ich spürte, wie kontrollsüchtig ich war, wie groß meine Angst, zu versagen, nicht gut genug zu sein und nie zu bekommen, was ich brauchte. Am meisten kontrollierte ich mich selbst, meine Energien, meine Gefühle, meine Impulse, eigentlich tat ich das den ganzen Tag. Ich war es einfach nicht gewöhnt, erfüllt zu sein, und wußte nicht, wie das Leben dafür sorgen könnte, daß ich es war.

Am meisten kontrollierte ich mich selbst, meine Energien, meine Gefühle, meine Impulse.

Das fing schon beim Geld an. Ich konnte mir ganz genau ausrechnen, wie viele Patienten ich behandeln mußte, um die Summe zu verdienen, die ich zum Leben brauchte, und das waren einfach zu viele. Ich brauchte mehr Kraft, als ich hatte, um in diesem Beruf einigermaßen versorgt zu sein. Da ich noch nicht wußte, daß göttliche Lösungen anders sind als alles, was ich mir ausdenken konnte, sah ich überhaupt keine Möglichkeit, mit dem vielen Arbeiten aufzuhören. Weil ich mich aber überarbeitete, mußte ich mich auch überessen. Weil ich zuviel Kraft für andere brauchte und dann auch noch auf eine Weise arbeitete, die mir nicht mehr entsprach, mußte ich mir Kraft über das Essen holen.

Ich brauchte mehr Kraft.

Ich hatte panische Angst davor, zusammenzubrechen und mich selbst nicht mehr ausbeuten zu können, wenn ich zuließ, daß meine Sucht von mir genommen wurde. Ich konnte nicht abstinent werden, ich konnte mein Leben nicht meiner höheren Macht anvertrauen! Meine Bedürfnisse waren schlicht unerfüllbar. Und wer weiß, vielleicht würde diese Macht mir sogar ans Herz legen, meine Beziehung zu lösen oder aus meinem Beruf auszusteigen? Ich konnte ihr mein Leben nicht anvertrauen, auch wenn ich wußte, sie würde es regeln und meistern; zu groß war meine Angst, dann ohne alles dazustehen. Ich kannte es zur Genüge, einsam, allein und bedürftig zu sein, und ich konnte auf keinen Fall riskieren, wieder in diesen Zustand zu geraten.

Ich dachte, daß das einzige, was mich überhaupt liebenswert und zu etwas Besonderem machte, meine Fähigkeit war, für andere dazusein. Das konnte ich nur, wenn ich mir Kraft über das Essen holte. So redete ich mir sogar ein, es sei unglaublich egoistisch, weniger zu essen. Mein ganzes Selbstbild würde zerbrechen, wenn ich mich nicht selbst mit Essen bei der Stange hielt. Das hatte etwas mit Neinsagen zu tun. Ich würde viel häufiger nein sagen müssen, was ich aber nicht konnte. Ich würde weniger oder anders arbeiten, und ich müßte einen höheren Stundenlohn verlangen. Das alles kam mir ungeheuer selbstsüchtig vor. Wenn ich die Kraft, die ich dafür aufbringen müßte, weniger zu essen, aus mir selbst heraus schöpfen sollte, dann mußte ich sie in den Bereichen einsparen, die mir zur Verfügung standen. Das ist eine ganz einfache Rechnung, ich würde ungeheuer viel Kraft brauchen, um das Essen in den Griff zu bekommen, und genau diese Kraft stand mir an anderer Stelle nicht mehr zur Verfügung. (Du merkst an diesen Gedankengängen, daß ich den dritten Schritt noch nicht so ganz verstanden hatte. Hier geht es um eine Kraft, die größer ist als ich selbst, nicht um mein kleines bißchen Kontrolle, die sowieso nicht funktioniert.)

Es war letztlich undenkbar, daß es eine Macht gab, die mich aus diesem Teufelskreis der falschen Gedanken herausziehen konnte. Ich steckte zu tief in meinem Gedankenkarussell. Ich hatte nicht die leiseste Ahnung, wie irgendeine Kraft mich daraus befreien sollte, und das auch noch, ohne daß ich es kontrollierte oder zumindest sehr viel dazu beitrug. Ich hatte den Begriff des »Geschehenlassens« nicht wirklich verstanden. Noch weniger als verstanden hatte ich diesen Zustand je erlebt, jedenfalls nicht bewußt. Unbewußt hatte ich ihn natürlich schon sehr häufig erfahren: Jedes Mal, wenn wir von einer Krankheit genesen, lassen wir es geschehen; anders geht es gar nicht. Du kannst mit deinem Willen nicht mal einen kleinen Schnupfen heilen (du kannst ihn nur ignorieren), das macht dein Körper ganz von allein. Etwas geschehen lassen hieß in meinem Weltbild »nichts tun«, und das bedeutete für mich nichts anderes als Schwäche.

Ich steckte zu tief in meinem Gedankenkarussell.

Mein Leben bestand darin, mich selbst an die letzte Stelle zu setzen. Ich zog meine Kraft und meine Daseinsberechtigung daraus, daß ich für andere da war. Ich wollte nicht so eine dünne Zicke werden, die sich nur um sich selbst kümmert. Wenn ich ganz ehrlich sein soll: Ich wußte gar nicht, wie ich eine solche hätte werden können. Diese Art des Schwarzweißdenkens ist ein deutliches Symptom der Sucht. Du wirst es vielleicht bei dir selbst feststellen.

Ich konnte mir nicht vorstellen, daß ich vielleicht glücklicher wäre, wenn ich mich besser um mich selbst gekümmert hätte. Ich wußte aber nicht, wie. Zum Glück ging ich weiter in die Selbsthilfegruppe und hörte von genesenden Eßsüchtigen die Wahrheit über das zwanghafte Essen. Ich hörte, daß wir gar nicht wissen können, wie leicht das Leben sein kann, wenn wir nicht den Mut haben, von unserem Suchtstoff zu lassen.

Ich hörte, daß all die Angst zur Sucht dazugehörte, daß auch die Überzeugung, ich müßte mich selbst ausbeuten, wie eine Sucht betrachtet werden kann. Mir war keine andere Art zu leben bekannt, aber in der 12-Schritte-Gruppe bekam ich andere Lösungen, andere Konzepte vorgestellt. Ich schöpfte Hoffnung, weil andere davon berichteten, wieviel besser sie sich fühlten, wenn sie die Kontrolle und den Zwang, die sie gegen sich selbst ausübten, lockerten.

Ich schöpfte Hoffnung.

Ich erkannte, daß ich wirklich sehr einseitig dachte, daß ich keinen Raum für Gottes Plan ließ, daß ich glaubte, ich wüßte, wie mein Leben verlaufen würde, wenn ich nicht mehr zwanghaft aß. Ich erkannte aber auch, daß ich mich vielleicht irrte. Ich hoffte es zumindest.

Dann las ich eines Tages in einem Erfahrungsbericht einer Eßsüchtigen den für mich entscheidenden Satz:

Ich konnte meine Depressionen auf unbestimmte Zeit verlängern, indem ich zwanghaft aß, oder ich konnte es durchstehen. Die alte hoffnungslose Überzeugung, daß ich mich für immer so fühlen würde, war Teil meiner Krankheit und stand im direkten Gegensatz zu meiner Erfahrung.

Ich war erstaunt: Da tat sich eine ganz neue Welt auf! Es stand zwar nicht im Gegensatz zu meiner Erfahrung, aber ich war ja auch noch nicht abstinent vom zwanghaften Essen, obwohl es natürlich das war, was meine höhere Macht für mich im Sinn hatte. Ich schrieb darunter: »Ich bin bereit, abstinent zu werden, wenn die Angst eines Tages aufhört und echtes Vertrauen zu Gott in mir wächst. Ich will bestimmt nicht mein Leid verlängern, aber ich halte die Angst auch nicht für immer und ewig aus.«

Heute weiß ich, daß genau darin die einzige Chance auf Heilung liegt: im Zulassen des Suchtdruckes.

Ich dachte nämlich, wenn ich aufhörte, mich zu überessen, dann würde ich für immer das spüren müssen, was dahintersteckt, für immer in dieser Angst und dem Suchtdruck leben, unter dem man leidet, wenn man auf seinen Stoff verzichtet. Heute weiß ich, daß genau darin die einzige Chance auf Heilung liegt: im Zulassen des Suchtdruckes.

Wenn du abstinent von zwanghaftem Essen wirst, wenn du also das süchtige Essen sein läßt und nur noch gesunde Mahlzeiten in vernünftigen Mengen zu dir nimmst*, kommst du in Zustände, in denen du fast verrückt wirst, wenn du süchtig bist. PMS, dieses hormonelle Karussell während des weiblichen Zyklus, ist ein Witz dagegen. Suchtdruck, der Zwang, für seinen Stoff zu sorgen, wenn man in den Entzug kommst, macht einen fast wahnsinnig, und man kann an nichts anderes denken als an das nächste Stück Schokolade – oder an irgendwas Eßbares, egal was. Du bist innerlich so unruhig, daß du platzen könntest.

* Gesund zu essen bedeutet nicht »gesund« im herkömmlichen Sinne, sondern nur die Nahrung zu essen, mit der du gut umgehen kannst, die dich geistig gesund bleiben läßt.

Es zerreißt dich vor bodenloser Verlorenheit, vor Schmerz, Trauer und dieser ungeheuren inneren Spannung. Das ist mit dem bloßen Willen gar nicht auszuhalten.

Ich schrieb folgendes in mein Tagebuch: »Mein Appetit ist wie ein durchgegangenes Pferd, er reißt alles nieder und läßt sich von der kleinsten Stimulation aus dem Gleichgewicht bringen. Ich esse Schokolade einfach nur, weil sie DA ist. Das Pferd ist unbändig, ich komme nicht an es heran, wenn es verrückt spielt. Ich muß mich intensiver damit beschäftigen, ich muß es erziehen, beschäftigen, besänftigen und gut ernähren.«

Ich brauchte keine äußeren Umstände, um mich zu überessen.

Das war etwas, was ich verstehen mußte: Ich brauchte keine äußeren Umstände, um mich zu überessen. Es nutzte nichts, wenn ich versuchte, zu verstehen, warum ich gerade aß. Ich aß, weil ich süchtig war, ganz einfach. Das Essen war längst Selbstzweck, die Sucht kümmerte sich um sich selbst. Ich brauchte keine äußeren Anlässe mehr. Ob ich glücklich oder unglücklich war, ob ich müde oder gelangweilt war, ob es mir gutging oder ob ich Streß hatte, spielte überhaupt keine Rolle. Ich aß, weil Essen da war, weil mein Körper es gewöhnt war, eine bestimmte Menge Nahrung zu erhalten, und weil ich automatisch auf alle Bedürfnisse mit Essen reagierte. Es nutzte nichts, dafür zu sorgen, daß es mir gutging, das berührte mein Eßverhalten nicht im geringsten. Ich mußte anfangen, angemessen zu essen, einfach so, ohne Tricks, ohne Haltegriffe, ohne Ersatz, wenn ich lernen wollte, meiner höheren Macht nicht nur mein Leben in die Hand zu geben, sondern dem, was sie mir sagte, auch zu folgen.

Doch zunächst mußte ich mir mein Verhalten näher anschauen …

Vierter Schritt

Wir machen eine gründliche und furchtlose Inventur in unserem Inneren.

Wenn du süchtig bist, gibt es nichts Schlimmeres, als wirklich ehrlich zu dir selbst zu sein. Natürlich war ich auch schon ehrlich zu mir, bevor ich meine Sucht zu überwinden begann. Ich war schließlich spirituell bewandert: Ich meditierte, war in Therapie und kannte einen Teil meiner Gefühle. Aber in bezug auf das Essen verschleierte ich mir selbst gegenüber meine Angewohnheiten, Gefühle und mein grundsätzliches Verhalten vollkommen. Und nicht nur das. Als ich begann, mich mit mir selbst auseinanderzusetzen, entdeckte ich unter dem Essen eine noch viel schlimmere Sucht: die Coabhängigkeit.

Ich versuchte, die Gefühle anderer Menschen zu kontrollieren und zu manipulieren. Indem ich mich auf eine bestimmte Weise verhielt, wie wir das alle als Kinder bis zur Perfektion gelernt haben, erzwang ich ein bestimmtes Verhalten der anderen. Ich zeigte ein bestimmtes Bild nach außen und versteckte, was ich wirklich war. Ich glaubte, ich könnte die Art, wie andere mich wahrnähmen, kontrollieren, indem ich meine eigenen Bedürfnisse und Wünsche tarnte. Und das nannte ich auch noch »Rücksichtnahme«. Eigentlich war es die Angst, nicht geliebt zu werden, wenn ich mich zeige, wie ich bin.

Ich maßte mir die volle Verantwortung an für das, was ich im anderen auslöste und dafür, wie andere auf mich reagierten, als hätte ich auch nur die geringste Kontrolle darüber. In Wahrheit ging es um nichts als um meine eigene Angst vor den Gefühlen der anderen. Ich hatte Angst vor der Wut, der Ablehnung, vor dem Liebes- und Aufmerksamkeitsentzug. Ich konnte es mir nicht leisten, abgelehnt, nicht verstanden oder auf Distanz gehalten zu werden. Ich war vollkommen abhängig von der Liebe, Anerkennung und Aufmerksamkeit anderer, von dem Bild, das ich von mir selbst nach außen zeigen wollte. Die Selbstverleugnung, die Art, mit der ich mich selbst stehen ließ, meine Gefühle und Bedürfnisse ignorierte, war der Preis, den ich für die Anerkennung der anderen zahlte. Die scheinbare Anerkennung, die ich bekam, war natürlich nur ein Spiegel meiner eigenen mangelhaften Emotionen. Durch meine übermäßige Fürsorge bekam ich eine Art von Aufmerksamkeit zurück, die sich innerhalb des Teufelskreises des Krankhaften bewegte.

Die scheinbare Anerkennung, die ich bekam, war natürlich nur ein Spiegel meiner eigenen mangelhaften Emotionen.

Natürlich ist dieser Preis viel zu hoch. Deshalb wird man nie satt, und deshalb wird es zur Sucht. Das ist, als würdest du Salzwasser trinken, während du verdurstest. Keine Anerkennung der Welt kann auf Dauer den inneren Mangel in dir ausgleichen, der entsteht, wenn du dich selbst verleugnest. Ich brauchte die Anerkennung und das Essen, beides zusammen hielt die Leere, die in mir entstanden war, weil ich selbst nicht für mich sorgte, einigermaßen in Schach. Und weil ich nach außen hin immer sehr kontrolliert war, brauchte ich irgendeinen Bereich in meinem Leben, in dem ich die Kontrolle aufgeben durfte, in dem ich tun konnte, was ich wollte. Wenn ich aß, war das wie ein Ausbruch aus der allzu starren Form, in der ich mich den ganzen Tag bewegte, ich hatte mir eine kleine Enklave der »Freiheit« geschaffen – die mich nur zu noch mehr Kontrolle führte …

Um mein Suchtverhalten vor mir selbst immer wieder zu rechtfertigen, aber auch, um es zumindest scheinbar kontrollieren zu können, hatte ich mir eine ganze Reihe von Entschuldigungen und seltsam verdrehten Ideen zurechtgelegt. Ich hielt es zum Beispiel für sinnvoll, meine Sucht auf jeweils ein Lebensmittel zu konzentrieren. Es spielte überhaupt keine Rolle, was es war, ich war meinem Suchtstoff für ein paar Wochen treu, dann fand ich einen anderen. Damit versuchte ich, Kontrolle über die Sucht auszuüben, aber natürlich änderte es nichts an der verzerrten Grundeinstellung.

Warum sollte ich eine Inventur machen?

Warum sollte ich eine Inventur machen? dachte ich mir, als mir der vierte Schritt vorgestellt wurde. Ich weiß doch jetzt genau, was ich ändern soll. Warum sollte ich es auch noch minutiös aufschreiben? Nun, so ganz stimmt das nicht. Alles, was ich wirklich will, ist dünn sein und ohne Schuldgefühle endlich essen können, was ich begehre, ich will die Kontrolle über das Essen endgültig aufgeben und direkt hinein ins Schlaraffenland fliegen – natürlich dünn, schön und voller Anmut. Ich will mich endlich satt essen, endlich all das essen dürfen, was ich essen möchte. Vielleicht hört die Sucht auf, wenn ich mir einmal alles gönne, was ich haben will?

Das alles ist süchtiges Denken, Alibis dafür, weiterzuessen. Weißt du, wenn wir etwas an uns ändern wollen, dann müssen wir uns natürlich erst einmal anschauen, um was alles es eigentlich geht. Die schriftliche Inventur des vierten Schritts dient dazu, die unbewußten Irrungen,

Wirrungen, die seltsamen Verhaltensweisen und all das, was dahintersteckt, ans Tageslicht zu bringen. Wenn du aufschreibst, in welchen Bereichen du dich irgendwie merkwürdig, zwanghaft oder auch nur so, daß es dich unglücklich macht, verhältst, dann wird es für dich viel deutlicher sichtbar, es rückt in andere Gehirnteile, deine bewußte Aufmerksamkeit fällt darauf, und etwas in dir beginnt aufzuwachen. Meistens halten wir uns noch für einigermaßen in Ordnung, abgesehen von der Esserei.

In Wahrheit hatte ich natürlich einfach nur Angst.

Als ich begann, meine Inventur zu machen, dachte ich zunächst ein bißchen arrogant, daß ich doch längst wisse, was schieflaufe, denn ich hatte mich schließlich schon viele Jahre lang damit beschäftigt.

In Wahrheit hatte ich natürlich einfach nur Angst. Bevor ich mit der Inventur begann, schrieb ich, daß ich eine unglaubliche Angst vor Strafe hätte. Als würde Gott mich bestrafen, wenn ich zugab, wie oft ich mein wahres Verhalten und meine wirklichen Absichten vor mir selbst verschleierte. Zum Glück verstand ich sofort, daß ich Angst vor meinem eigenen Urteil hatte, vor der Bestrafung durch mich selbst, und ich schrieb, daß das natürlich auch sofort in meine Inventur gehörte. Auch Selbstbestrafung ist Eigenwille. Ich wußte wirklich schon einiges über mich, hatte meinen inneren Müll fein säuberlich sortiert. Aber ich hatte mich nicht mit dem, was tatsächlich nicht in Ordnung war, beschäftigt, denn dafür war die Zeit erst jetzt reif.

Ich hatte zum Beispiel noch nie in aller Konsequenz erkannt, wie sehr ich auf meinen Vater fixiert war und wie groß mein Schmerz und meine Scham darüber waren, daß ich ihn nicht erreichte. Genausowenig war mir bewußt gewesen, wie sehr ich gewohnt war, mich selbst in Schach zu halten, meine Gefühle zu kontrollieren, und wie unerbittlich abhängig ich davon war, daß mein Leben glatt lief. Bei den kleinsten Störungen – und Störung war alles, was nicht so lief, wie ich es mir vorstellte – resignierte ich und verlor jede Hoffnung. Ich fühlte mich so grundsätzlich als Versagerin, daß ich keine inneren Ressourcen mehr hatte, mit denen ich ein weiteres Scheitern hätte abfangen können. Ich war rasch deprimiert und entmutigt, hatte überhaupt kein Vertrauen und keine Zuversicht. Mein Leben stand und fiel mit meinem Gewicht und damit, ob ich meine Ziele erreichte oder nicht. Ich war so abhängig davon, erfolgreich zu sein, was immer das für mich bedeutete. Bei jedem Scheitern wurde der grundlegende Schmerz berührt. Ich konnte es mir nicht erlauben, noch einmal zu scheitern – scheitern bedeutete für mich sterben. Chuck Spezzano sagte einmal in einem seiner wundervollen Vorträge (wahrscheinlich sagt er es in jedem, weil es so aufbauend ist), daß wir alle sowieso Gewinner sind, weil die Samenzelle, aus der heraus wir entstanden sind, sich gegen Millionen anderer durchgesetzt hat. Allein deshalb, weil wir am Leben sind, haben wir für immer die Goldmedaille verdient. Das mag sein. Aber davon darf mein Selbstwertgefühl nicht abhängen. Es kann sein, daß wir alle Gewinner sind, aber ich muß mich auch dann lieben, annehmen und einfach mögen können, wenn ich verliere, wenn ich Fehler mache, wenn ich nicht gut drauf bin und nicht meinen eigenen Anforderungen entspreche.

Bei jedem Scheitern wurde der grundlegende Schmerz berührt.

Ich machte mir einen solchen Druck, ich mußte einfach immer die Beste sein. Das gab ich natürlich nicht wirklich zu, und wenn doch, kokettierte ich fast damit. In mir lauerte ein so ungeheurer Schmerz darüber, daß ich mir nicht erlauben konnte, erfolglos zu sein, mich einfach zu entspannen und einmal nichts zu »bringen«, daß ich es kaum glauben konnte. Stück für Stück, während ich meine Inventur machte (das tat ich, indem ich jeden Tag ein bißchen aufschrieb, was mir an mir aufgefallen war, aber nicht wertend, sondern eher wie eine Forscherin), deckte ich tiefere Schichten von Schmerz auf. Es waren die Schichten, die mir so vertraut waren, daß ich nie daran geglaubt hätte, daß sie jemals heilen könnten.

Die Trennung meiner Eltern, als ich ein Kind war; die Einsamkeit, die sich durch meine Kindheit zog; das Fehlen meiner Mutter: all das war mir so vertraut und auch einfach so normal. Ich kannte eine Menge Menschen, denen es ähnlich ergangen war wie mir. Damit mußte ich nun einfach leben, oder? Und so schlimm war es nun auch nicht. Bei aller Therapie hatte ich immer das Gefühl, daß die tiefste Schicht meiner Trauer nicht berührt werden konnte. Sie war zu grundsätzlich und zu schmerzhaft. Ich glaubte durchaus, daß ich glücklicher und zufriedener werden könnte; aber die Grundthemen, das, was mich meiner Meinung nach entscheidend ausmachte, wurden nicht aufgedeckt, nicht so, daß sich wirklich etwas geändert hätte – weil ich es mir gar nicht vorstellen konnte.

Heute kenne ich den Schlüssel.

Heute kenne ich den Schlüssel. Du kannst die Vergangenheit nicht ändern (energetisch schon, aber das meine ich im Moment nicht). Aber du kannst deinen Frieden damit machen, dich mit ihr versöhnen, und es gut sein lassen. Du kannst das Blatt zu den Akten legen und wahrhaftig neu anfangen, wenn du irgendwann damit abschließen kannst. Das geschieht, wenn du alles zugelassen, betrauert und eventuell erlöst und wiedergutgemacht hast. Bleibst du aber in Vergangenem verstrickt, weil du deine Gefühle mit Essen wegdrückst, kann sich der alte Schmerz nicht verabschieden, und gerade durch das Wegdrücken erhältst du ihn aufrecht.

Alles, was in meinen wundervollen Therapiesitzungen passierte, führte mich näher zu mir, ich verstand mich besser und kam besser mit mir klar, aber das traurige und einsame Grundgefühl veränderte sich nicht, ich konnte nur besser damit umgehen. Durch das Essen erhielt ich die alten Erfahrungen am Leben, denn die Trauer war energetisch an das zwanghafte Essen gekoppelt. Aß ich zuviel, erinnerte sich mein ganzes System an den Schmerz, der darunter lag, und aktivierte ihn immer wieder neu. Das gab mir natürlich den idealen Anlaß, mich auch am nächsten Tag wieder zu überessen. Als ich meine Inventur machte, traute ich mich zum ersten Mal an die Essenz dessen heran, was mich einsam und traurig sein ließ.

Als ich meine Inventur machte, traute ich mich zum ersten Mal an die Essenz dessen heran, was mich einsam und traurig sein ließ.

Stück für Stück tastete ich mich vor, ganz langsam, so, wie man mit der Zunge prüfend und voller Angst, dem Schmerz zu begegnen, die Zähne testet, wenn ein Stück Füllung herausgebrochen ist. War ich schon abstinent in dieser Zeit? Nein, ich glaube nicht. Auch das schrieb ich jeden Tag in meine Inventurliste. Ich schaute mir zum ersten Mal mein zwanghaftes Essen genau an – und schämte mich fast zu Tode.

Dann ging ich in die Selbsthilfegruppe und erzählte genau das, ich ließ die Scham zu, schüttelte mich förmlich vor Scham und sprach es dennoch aus. Ich hatte die Zauberkraft der Wahrheit erkannt, die Befreiung, die im Zugeben, im Zulassen liegt. Könnte ich anders handeln, würde ich anders handeln. Ich war machtlos, konnte nur zugeben, wie verbogen und zwanghaft ich war. Als ich erkannte, wie sehr ich mich noch immer anstrengte, meinem Vater zu gefallen, wie klug ich daherredete, um den Schmerz darüber, daß er mich nicht wahrnahm (zumindest nicht so, daß ich es bemerkte – hier geht es um meine Sicht der

Dinge; das hat nichts mit dem zu tun, wie es tatsächlich war und ist), schämte ich mich wirklich in Grund und Boden. Ich kam mir vor wie eine bedürftige Bettlerin, die um Aufmerksamkeit fleht. Und natürlich ist es auch genauso. Aber das macht nichts. In der 12-Schritte-Gruppe und bei der Inventur lernte ich, die Dinge beim Namen zu nennen, nicht zu beschönigen, nicht zu beschwichtigen, sondern sie einfach auszusprechen. Ich bettelte um die Aufmerksamkeit und um die Liebe meines Vaters.

In Wahrheit brauchen wir keine Aufmerksamkeit, sondern einen geschützten Raum, in dem wir uns entwickeln und sein können, wer wir sind. Als Kinder brauchen wir einen Rahmen, in dem wir uns selbst kennenlernen können, in dem wir immer wieder hinfallen und aufstehen dürfen, eine Art Gewächshaus, in dem wir nichts leisten müssen, sondern einfach heranwachsen dürfen. Wenn wir diese Art von Schutz nicht oder zu kurz bekommen haben, dann wissen wir nicht, daß es in uns etwas gibt, das es wert war, geschützt zu werden. Wir schreien nach Liebe und Aufmerksamkeit, suchen in Wahrheit aber den Schutzraum, in dem wir erfahren, daß wir wertvoll sind, daß wir schützenswert sind, daß uns jemand mit seiner Stärke den Rücken frei hält, bis wir selbst stark genug sind.

Wir schreien nach Liebe und Aufmerksamkeit.

Wenn wir einen Samen in die Erde legen, dann wissen wir, daß eines Tages eine wunderschöne Blume, ein Baum oder eine nützliche Frucht daraus wird und lassen ihn in Ruhe wachsen, egal wie er dabei aussieht. Wir schützen ihn, wässern ihn, stellen ihn an einen sicheren Ort, freuen uns an seinem Wachstum. Das ist Liebe. Wir unterstützen den anderen in dem, was er ist, geben ihm Zeit und Schutz ohne etwas zu fordern, wir freuen uns über die Früchte oder Blumen, die irgendwann kommen werden, aber wir sind nicht abhängig davon, und wir drängen die Pflanze nicht, sich endlich ein bißchen anzustrengen.

Die 12-Schritte-Gruppe bot nun zum ersten Mal in meinem Leben einen Raum, in dem ich einfach sein konnte, wie ich war. Ich mußte mich weder rechtfertigen noch erklären, ich konnte ausprobieren, schmerzhafte Wahrheiten aussprechen und die Gefühle, die dabei frei wurden, zulassen, ohne daß mein geschützter Raum verletzt wurde, ohne daß ich Rede und Antwort stehen mußte und ohne daß ich jemandem zu gefallen brauchte.

Weil ich diesen Schutzraum als Jugendliche nicht hatte, bastelte ich mir behelfsmäßig einen zurecht: Ich aß zuviel und am liebsten heimlich, beim Lesen, in aller Ruhe, wie in einem Kokon. Mit dem Essen und dem Lesen schirmte ich mich von der Umwelt ab. Ich sorgte auf die einzige Weise für meine Bedürfnisse, die mir einfiel, und weil ich nichts anderes gelernt hatte, änderte sich das auch dann nicht, als mir längst andere Möglichkeiten offenstanden. Für mein System war alles andere nicht wirklich hilfreich, ich konnte diesen tiefen Schmerz nur mit Essen in Schach halten und diesen besonderen Schutz nur mit Essen bekommen. Alles, was mir »guttat«, war zwar ganz nett, berührte und füllte aber nicht das bodenlose Loch in mir und gab mir nicht die Geborgenheit, die ich brauchte. Bei der Inventur kamen aber noch ganz andere Dinge zutage: Ich redete zum Beispiel zwanghaft auf meine Mutter und auf meine Schwester ein, wollte sie unbedingt dazu bringen, sich besser um sich selbst zu kümmern, ihr Leben zu verändern, glücklicher und zufriedener zu sein. Wozu? Nein, nicht weil ich sie so liebte, sondern weil ich so einsam war, wenn sie sich mit sich selbst be-

Die 12-Schritte-Gruppe bot nun zum ersten Mal in meinem Leben einen Raum, in dem ich einfach sein konnte, wie ich war.

schäftigten, weil ich fast verrückt wurde, wenn ich sie emotional nicht erreichen konnte, und weil ich mich dafür verantwortlich fühlte, wie es ihnen ging. Wieder ging es um Schutz: Weil ich als Kind nicht die Geborgenheit bekommen hatte, die ich gebraucht hätte, mußte ich meine Mutter dazu bringen, sie mir endlich zu geben. Ich versuchte also, sie zu der Mutter zu machen, die ich gebraucht hätte, anstatt den Schmerz zu spüren und weiterzugehen.

Damit meine ich letztlich, daß ich sehr geübt darin war, meine Antennen bei anderen auszufahren, anstatt mich selbst wahrzunehmen.

Als ich in der 12-Schritte-Gruppe auch darüber sprach, erfuhr ich (von anderen, die sich auskannten), daß ich extrem coabhängig war: beziehungssüchtig, nicht in der Lage, den anderen zu nehmen, wie er ist, und unfähig, es zu ertragen, wenn jemand mehr mit sich selbst als mit mir beschäftigt war. Ich wollte die anderen erlösen, damit sie endlich für mich dasein konnten. Ich wollte mit ihnen das teilen, was ich so gern mit ihnen geteilt hätte, anstatt zuzulassen, daß ich meine eigene Einsamkeit und Ohnmacht einfach mal spürte. Ich war sehr gut darin, mitzukriegen, was ein anderer vermeintlich brauchte, damit es ihm besserging. Damit meine ich letztlich, daß ich sehr geübt darin war, meine Antennen bei anderen auszufahren, anstatt mich selbst wahrzunehmen. Ich konnte mich auch nicht abgrenzen, nicht nein sagen, ich ließ mich ausnutzen, weil ich nicht in der Lage war, jemandem eine Absage zu erteilen. Ich sorgte dafür, daß ich sehr viel gab, weil ich immer das Gefühl hatte, anderen oder gar der Welt etwas schuldig zu sein. Ich versuchte schlicht, es jedem recht zu machen und ihn damit so zurechtzubiegen, daß er auch mal für mich dasein konnte. Wenn der andere endlich genug von mir bekommen hatte, dann würde er mir sicher auch mal was geben, oder?

Es war meine Aufgabe, dafür zu sorgen, daß andere mich liebten, wahrnahmen und schützten – nach dem Motto: Wenn du brav bist, bin ich für dich da, wenn nicht, dann ignoriere ich dich so lange, wie es mir angemessen erscheint.

Heute erst ist mir klar, daß der Schutz, den die Eltern ihren Kindern geben, viel wichtiger ist als ihre Anerkennung. Der Schutz der Eltern bietet den Raum, in dem sich die Persönlichkeit und die Seele des Kindes entfalten können. Fehlt dieser Schutz, der dem Kind gleichzeitig die Gewißheit vermittelt, daß es wertvoll ist, dann muß es sich ihn selbst aufbauen, und was scheint da wirkungsvoller als ein äußerer oder innerer Panzer?

Die auf diesem Weg aufgedeckten Schmerzen waren so existentiell, daß ich verstand, warum erst jetzt der richtige Zeitpunkt gekommen war, sie zu erleben. Ich spürte, wie wenig geborgen, wie ungeschützt, ungeliebt und einsam ich mich meistens fühlte und wie sehr ich es gewohnt war, dann irgendwas zu machen, z.B. zu lesen, zu baden, zu arbeiten und natürlich etwas zu essen. Mein Leben war geprägt von unbestimmter Angst. Ich funktionierte, erlaubte mir nicht, das zu tun, was ich wirklich wollte, weil meine Angst, dann ausgeschlossen und mit Eiseskälte oder Verachtung gestraft zu werden, viel größer war als das vage Unbehagen, das sich einstellte, wenn ich tat, was andere von mir zumindest in meiner Vorstellung erwarteten. Ich konnte es mir schlicht nicht leisten, verlassen zu werden, ich hatte keine Möglichkeit, jemanden gehen zu lassen, ich mußte um Liebe, Anerkennung und meine Daseinsberechtigung kämpfen, mein Leben hing davon ab.

> *Mein Leben war geprägt von unbestimmter Angst.*

Es war völlig egal, ob das sinnvoll war oder nicht und ob das überhaupt stimmte. Für mich stimmte es, und um das auszuhalten, mußte ich essen. Gleichzeitig aktivierte das Essen selbst immer wieder diese alte Schleife, ich fühlte mich schuldig, unwürdig, ich schämte mich, ich fühlte mich süchtig und schwach, ausgeliefert. Was ja auch alles richtig war.

Wenn du in einer Suchtschleife hängst, dann stimmen all deine Gefühle darüber. Du bist dann hilflos, zwanghaft und schwach, und du fühlst dich zu Recht schuldig. Wie kann ich das sagen? Ist das nicht ein Rückfall in schlimmste Selbstverurteilung? Nein. Es ist einfach die Wahrheit. Solange du nicht abstinent bist von deinem zwanghaften Verhalten, solange du an deiner Krankheit klebst, so lange fühlst du dich nun mal so, weil du ja tatsächlich nicht so handelst, wie es die Gesundheit, dein klarer Menschenverstand und deine innere Führung von dir wollen. Du kannst nicht, natürlich nicht, aber dennoch stimmen die Gefühle. Wenn du versuchst, deinen Stoff weiter zu nehmen und dich dabei gut zu fühlen, dann kannst du es vergessen, denn zur Sucht gehört nun mal das Schuldgefühl, einfach weil es angemessen ist. Du mißbrauchst dich ja tatsächlich selbst. Wenn du aufhören willst, dich wegen des Essens schuldig zu fühlen, dann hör auf, süchtig zu essen. Anders geht es nicht.

Wenn du aufhören willst, dich wegen des Essens schuldig zu fühlen, dann hör auf, süchtig zu essen.

Aber – und das ist die wundervollste Nachricht, die ich dir überhaupt überbringen kann – wenn du damit aufhörst, dann vergehen auch die Schuldgefühle, das schlechte Gewissen und das mangelnde Selbstwertgefühl, denn all das ist an das süchtige Verhalten gekoppelt! Du brauchst dich nie wieder mit Schuldgefühlen herumzuschlagen – wenn du erkennst, wo sie angemessen sind, und wenn du lernst, mit dem Verhalten, das zu Schuldgefühlen führt, aufzuhören. Das gilt für das Essen, nicht für die Coabhängigkeit, Vorsicht. In der Coabhängigkeit gehören die Schuldgefühle zum Suchtdruck, aber davon später mehr.

Nachdem ich über viele Wochen hinweg meine Inventur geschrieben hatte (keine Sorge, es gibt Leute, die machen das in ein paar Stunden, ich kann nun mal nicht aufhören zu schreiben, wenn ich mal angefangen habe ...), kam ein Schritt, den ich völlig unterschätzt hatte. Ich hatte gedacht, wenn ich schon diese Inventur schreibe, dann sollte es doch ein Leichtes sein, mein Verhalten anderen mitzuteilen. Ich war süchtig, ich hatte nicht immer sinnvoll und nach bestem Wissen und Gewissen gehandelt, obwohl ich immer versucht hatte, alles richtig zu machen. Außerdem war ich ja auf dem Weg der Genesung, wenn ich auch immer noch süchtig aß. Wie schlimm konnte es also sein, das, was sich auf meiner Inventurliste fand, mit jemandem zu teilen?

Außerdem war ich ja auf dem Weg der Genesung, wenn ich auch immer noch süchtig aß.

MEDITATION

Schließe die Augen, und bitte Erzengel Michael, dir das Schwert der Klarheit zu überreichen. Nimm wahr, wie er es dir reicht, vielleicht blitzt es blau oder golden auf. Nun bitte ihn um die Kraft, es zu führen, und schaue, was er dir antwortet. Öffne die Augen, und bleibe in dieser Klarheit. Hole dir etwas zu schreiben, und beginne mit deiner Inventur, egal wo. Lasse dich von innen heraus führen, und erlaube dir, so ehrlich wie möglich zu sein. Deine höhere Kraft ist bei dir und liebt dich. Du darfst alles zeigen, kein Blitz wird vom Himmel fahren und dich strafen. Stelle dich mit Unterstützung aller Schutzengel, aller geistigen Führer und Lehrer deinen eigenen Verstrickungen und Verwirrungen. Das ist das Liebevollste, was du überhaupt für dich tun kannst.

Fünfter Schritt

Wir geben gegenüber Gott, uns selbst und einem anderen Menschen unsere Fehler unverhüllt zu.

Nachdem ich alles aufgeschrieben hatte, fühlte ich mich wie gereinigt und befreit, und ich verstand auf einmal das Prinzip der Beichte. Es war, als ob dadurch, daß ich alles aufgeschrieben hatte, die alten Verhaltensmuster mein System verlassen hatten. Zwar war es sehr schmerzhaft, mir anzuschauen, wie ich lebte, aber irgendwie auch spannend; ich hatte auf einmal Hoffnung. Ich hatte schon die Erfahrung gemacht, daß es höhere geistige Kräfte gibt, die eingreifen, wenn ich es ihnen erlaubte – nenne du sie Selbstheilungskräfte oder wie immer du willst, ich nenne sie Engel. Wenn ich mir aber vorstellte, ich sollte meine Verfehlungen, also alles, was ich beim Inventurmachen gefunden hatte, vor ihnen zugeben, schämte ich mich sehr. Diesen zauberhaften, leichten, liebevollen Wesen sollte ich zeigen, wie süchtig ich aß? Auf einmal fühlte ich mich wie ein Walroß, unförmig, plump, ungelenk, das Gegenteil von engelsgleich, lichterfüllt und leicht. Ich empfand mich als spirituelle Versagerin, einfach nur peinlich. Ich konnte mir nicht vorstellen, daß sie mich dann noch mögen und unterstützen, geschweige denn lieben könnten. Auch meine höhere Macht, diese kraftvolle Göttin, würde sicher nicht erfassen, wie es überhaupt zu dem Suchtverhalten kommen konnte. Verstehst du? Auf eine sehr merkwürdige, abstruse Art hatte ich das Gefühl, als menschliches Wesen versagt zu haben. Ich war nun mal einfach kein guter Mensch. »Gut« meint dabei nicht »hilfreich und edel«, sondern »der Rolle ›Mensch‹ gewachsen«.

Wie gesagt, ich beschäftigte mich wirklich schon lange mit spirituellen Themen, und ich nutzte, was ich gelernt hatte, natürlich auch, wie so viele, als Mittel zur Flucht aus dem irdischen Gefängnis. Ich fühlte mich wohler, wenn ich keinen Körper haben mußte, wenn ich meditieren konnte, wenn ich innerlich einfach in andere Sphären entschwebte. Ich fand das Unternehmen »Leben auf der Erde« ziemlich mühsam, und ich war, wie ich meinte, wirklich nicht gut darin. Ich wußte nicht, wie man Geld verdiente, wie man beruflich erfolgreich wurde (niemand wollte meine Bücher haben, das war wirklich schmerzhaft … auch meine Heilbehandlungen kamen in der Praxis nicht so richtig an …) und wußte schon gar nicht, wie man schön, schlank und sexy sein kann. Ich war meiner Ansicht nach einfach als Mensch und besonders als Frau eine Versagerin, so gut ich auch in andere Dimensionen abheben konnte. Ich fand mich als Mensch nicht liebenswert; ich wußte nicht, warum jemand überhaupt meinen menschlichen Anteil mögen könnte. Für mich war er nämlich nur peinlich, er hatte so viele merkwürdige, unstillbare Bedürfnisse und unangenehme Angewohnheiten. So konnte ich zum Beispiel kein bißchen dazu stehen, daß ich als Mensch auch ein sexuelles Wesen war.

> *Ich fand mich als Mensch nicht liebenswert.*

Mir war dieses ganze Menschsein einfach zuwider, obwohl ich es auf der anderen Seite sehr wohl genießen konnte und auch wollte. Als Engel wäre ich sicher besser dran gewesen, dachte ich oft, und ich hatte auch schon grundsätzlich mit dem Leben gehadert. Ich wollte manchmal eigentlich lieber gar nicht auf der Erde sein. Natürlich kam auch das mit auf die Inventurliste, als es mir klar wurde. Dieses grundsätzliche Versagen zuzugeben war ungeheuer schmerzhaft; aber wie immer, wenn etwas stimmt, fühlte es sich gleichzeitig sehr befreiend an. Wie sehr hatte ich mich angestrengt, um vor anderen, aber auch vor mir selbst zu verbergen, daß ich als Mensch einfach fehl am Platz war! Nun sollte ich dieses Versagen also teilen ... Wenn du süchtig bist, dann hast du – trotz bzw. aufgrund gewaltiger Minderwertigkeitsgefühle – meistens ein riesengroßes Ego. Dahinter steckt eine ungeheure Angst, nicht gut genug zu sein, zu versagen und darin irgendwann enttarnt zu werden. Gleichzeitig gaukelt dir genau dieses Ego vor, daß es gar keins ist, aber das stimmt nicht.

Ich dachte eigentlich wirklich, ich hätte gar kein so großes Ego, ich wäre ganz gut angebunden und »bei mir«. In einigen Bereichen stimmte das vielleicht auch. Doch was heißt das eigentlich, ein großes Ego haben? Nun, zum Beispiel bedeutet es, daß ich glaube, alle Welt würde auf mich schauen, wenn ich einen Fehler mache. Es bedeutet, daß ich überzeugt bin, ich dürfe nicht versagen, ich müsse immer gut sein, immer alles unter Kontrolle haben und ich dürfe nie um Hilfe bitten. Es bedeutet, daß ich sicher bin, etwas Schlimmes könnte geschehen, wenn ich einmal nicht stark bin, wenn ich einmal keine Antwort habe und wenn ich einfach nicht weiterweiß.

Ich wollte manchmal eigentlich lieber gar nicht auf der Erde sein.

Es bedeutet letztlich, daß du meinst, etwas Besonderes sein zu müssen. Das heißt nicht unbedingt, daß du glaubst, daß du das auch bist. Das gibt es auch, aber dieses Gefühl meine ich nicht. Ich meine den Druck, besser als andere sein zu müssen, erfolgreicher, liebevoller, hilfsbereiter – einfach ein besserer Mensch. Das ist das Ego. Es bedeutet, daß du glaubst, daß die ganze Welt mit dem Finger auf dich zeigt, wenn du einmal Mist baust. Als hätte die Welt nichts anderes zu tun und als käme es so sehr auf dich an. Es ist dein Ego, das dir vorgaukelt, du müßtest perfekt sein. Warum solltest ausgerechnet du perfekt sein müssen? Wo doch nichts perfekt ist – oder alles, je nachdem, wie man es sieht.

Natürlich ist dieser Teil des Ego aus Schmerz entstanden. Das geschah in der Zeit, als tatsächlich jeder, oder zumindest die wichtigsten Menschen deines Lebens, mit dem Finger auf dich gezeigt und dich verachtet, verlacht oder – wie du glaubst – nicht mehr geliebt haben, weil du nicht warst, wie sie es gern gehabt hätten. Und natürlich müssen wir uns diesen Schmerz anschauen. Aber mehr ist es nicht; es sind tiefe Verletzungen, keine irdischen Gesetze. Du mußt es jetzt nicht mehr jedem recht machen, um das nie wieder spüren zu müssen.

Meine Daseinsberechtigung auf diesem Planeten hängt nun mal davon ab, daß ich »gut« bin.

Wenn du nun also in diesem fünften Schritt zugibst, daß das Bild, das du nach außen zeigst oder zu zeigen versuchst, nicht stimmt, dann ist es weitaus mehr als nur eine Liste von »Verfehlungen«, die du mit jemand anderem teilst. Du kippst damit dein ganzes Selbstbild auf den Müll; du gibst zu, daß du auf ganzer Linie versagt hast – und nichts ist für Süchtige schwieriger zuzugeben. Für mich war das sehr, sehr schwer. Meine Daseinsberechtigung auf diesem Planeten hängt nun mal davon ab, daß ich »gut« bin.

Und noch etwas bemerkte ich zutiefst beschämt: Ich, die ich immer edel, hilfreich und so weiter sein wollte, trug einen Groll in mir, der tiefer ging, als ich ahnte. Wahrscheinlich schimmerte er durch alles hindurch, was ich tat;

wahrscheinlich war es dieser Groll, der als Selbstmitleid und unterschwellige Aggression auch für andere spürbar war. Ich hatte meine Gefühle dermaßen unter Kontrolle, hielt so sehr an meinem Selbstbild fest, erlaubte mir diese unangenehmen und nicht besonders netten Gefühle so wenig, daß ich eigentlich gar nicht genau wußte, wer ich überhaupt war, wenn ich mal nicht alles unter Kontrolle hatte. Meine Angst vor dem Monster, das ich sein würde – rachsüchtig, selbstmitleidig und eßsüchtig, einfach widerlich, definitiv nicht nett –, saß tief. Und dieses Monster sollte ich nun zeigen? (Auch das war natürlich völlig übertrieben, es war in meiner Vorstellung nur deshalb so groß, weil ich ihm nicht erlaubte, sich zu zeigen. Merkst du, daß ich schon wieder dachte, etwas Besonderes zu sein, und schon wieder ein Drama inszenierte? Diesmal meinte ich, besonders schlimm zu sein, aber auch das stimmte nicht! Welch ein Schlag für mein Ego!)

Ich konnte die Kontrolle über mich selbst nicht abgeben.

Ich wußte wirklich nicht, wohin das führen sollte. Ich konnte die Kontrolle über mich selbst nicht abgeben; ich konnte mich nicht zeigen, wie ich war, denn ich war einfach unmöglich, wirklich nicht liebenswert. Wenn du das nicht kennst, dann weißt du nicht, wie groß meine Angst vor mir selbst war, vor dem Schatten, den ich so verzweifelt vor mir selbst zu verbergen versuchte. Es war schon wirklich reichlich absurd. Mir schien, ich sei so wenig liebenswert, daß ich meine Gefühle darüber, aber auch den ganz normalen Ausdruck meiner selbst, mit Essen kontrollieren müsse. Das Essen sorgte dafür, daß ich geduldiger sein konnte, als ich war, daß ich mehr hinnehmen und meine Bedürfnisse mehr zurücknehmen konnte, als es natürlich und gesund war. Das Essen sorgte also dafür, daß ich nach außen ein angepaßtes, in meiner Vorstellung erwünschtes Verhalten zeigen konnte. Gleichzeitig war ich durch das Essen und seine Auswirkungen selbst noch viel weniger liebenswert, also mußte ich auch das verbergen. Dieses ganze Konstrukt zu kippen, für einen anderen durchschaubar zu machen würde nicht viel von mir übriglassen, befürchtete ich. Wer war ich denn eigentlich wirklich? Das Besondere am fünften Schritt ist, daß du, wenn du ihn mit jemandem teilst, in einem geschützten Raum bist. Du hörst dir keine Ratschläge an, du wirst nicht verurteilt, du bekommst keinen Kommentar. Du kannst einfach alles vorlesen oder erzählen, und das war's. Du darfst sogar dramatisieren, der andere wird nicht darauf reagieren, und das ist sehr heilsam. Denn derjenige, den du bittest, den fünften Schritt mit dir zu teilen, hält sich vollkommen zurück, er gibt dir nur den geschützten Rahmen. Er wertet nicht, er verurteilt nicht, er ist nur da und hört zu, wie es in der12-Schritte-Gruppe selbst auch geschieht. Du kannst alles sagen und erzählen, du brauchst nichts zu erklären, und du wirst nicht hinterfragt. Das ist die Vereinbarung, und genau das ist die Zauberkraft dieses Schrittes. Du teilst dich mit, offen und frei, und du erntest weder Zustimmung noch Ablehnung, du darfst sein, wie du bist und wirst nicht bewertet.

> *Das Besondere am fünften Schritt ist, daß du, wenn du ihn mit jemandem teilst, in einem geschützten Raum bist.*

In diesem Raum bekommst du endlich den Schutz, den du als Kind gebraucht hättest, dort darfst du dich zeigen und kannst alles ausprobieren. Das schenkt eine ungeheure Freiheit; du kannst dir selbst auf die Spur kommen und die innerlichen, zur Verteidigung erhobenen Fäuste senken. Vielleicht zum erstenmal in deinem Leben wirst du nicht kritisiert, hinterfragt oder auch nur mit guten Ratschlägen belästigt, sondern kannst dich einfach zeigen, wie du bist.

Verstehst du? Das erste Mal in meinem Leben konnte ich bei dieser Gelegenheit alles zeigen, ohne mich zu rechtfertigen, ohne erklären oder mich kritisieren lassen zu müssen. Das öffnet einen inneren Ort, an dem Entspannung und Aufatmen möglich werden, egal wie du dich fühlst und wie du bist. Du darfst vollkommen undramatisch sein, ganz du selbst, und das, obwohl du gerade die schlimmsten Seiten deiner Persönlichkeit und deines Lebens offenbart hast. Du zeigst dich – und nichts passiert, du wirst weder bestraft noch verachtet oder bloßgestellt. Das ist eine völlig neue Erfahrung für deinen Emotionalkörper. Er kann sich entspannen, dein Adrenalinpegel kann heruntergefahren werden, du kannst die innere Habachtstellung aufgeben. Fast ist es ein bißchen enttäuschend, wenn der Sturm der Entrüstung ausbleibt. Du fragst dich nämlich, wovor du eigentlich die ganze Zeit eine solche Angst gehabt hast. Frag dein inneres Kind, das weiß es. Dies hier ist eine neue Situation, die Angst war früher sehr wohl berechtigt und angemessen. Aber heute ist sie es nicht mehr.

Du zeigst dich – und nichts passiert, du wirst weder bestraft noch verachtet oder bloßgestellt.

Mit dem fünften Schritt ist Schluß mit der verrückten Selbsterniedrigung (ich bin nicht gut genug ...), aber auch mit der Selbstüberschätzung (ich muß immer alles perfekt machen ...). Wir sind nicht besser als andere, und wir brauchen es auch nicht zu sein. Wir sind aber auch nicht schlechter. Wir reduzieren die Anforderungen an uns selbst auf ein gesundes Normalmaß. Das ist für uns Süchtige ein schwieriges Unternehmen, auch wenn wir es nicht gern wahrhaben wollen. Wir ersetzen das billige Drama durch Aufrichtigkeit und innere Ruhe, durch Gelassenheit und echte Lebendigkeit. Damit verzichten wir darauf, uns wichtig zu machen, immer mehr Aufmerksamkeit zu verlangen und uns aufzuplustern.

Es fühlt sich klar an, überraschend leer und ruhig, wenn wir nach und nach der Versuchung widerstehen, die Dinge zu dramatisieren und aus Mücken Elefanten zu machen, nur, damit wir gesehen werden. Das Leben wird weitaus einfacher, tiefer und wahrhaftiger. Du wirst nun vor die echten Aufgaben deines Lebens gestellt, hörst auf, unnütze Schattenkämpfe zu führen und beginnst, dich um das zu kümmern, was wirklich ansteht. Weißt du, vor der eigenen Haustür zu kehren (und zwar nur da!) ist schwieriger, als wir glauben, weil wir dafür weder Lob noch Aufmerksamkeit bekommen, nur eine saubere Straße. Aber genau diese Klarheit und Sauberkeit sind es, die es dem Leben gestatten, dir von nun an wundervolle Möglichkeiten zu schenken!

Beim fünften Schritt habe ich gelernt, daß all meine Verfehlungen zwar existieren, mich aber nicht ausmachen.

Beim fünften Schritt habe ich gelernt, daß all meine Verfehlungen zwar existieren, mich aber nicht ausmachen. Ich muß sie nicht verbergen und nicht überbewerten, sie weder groß- noch kleinreden; ich kann schlichtweg lernen, anders mit ihnen umzugehen. Sie sind ein Teil des Drehbuchs, aber nicht das ganze Stück, und ich kann es jederzeit umschreiben.

Nachdem ich meinen vierten Schritt mit einem Menschen aus der Gruppe geteilt hatte, trank er mit mir Tee, und wir redeten über alles mögliche, als wäre nichts geschehen – eine solche Versagerin war ich nun offensichtlich auch wieder nicht, und selbst wenn, anscheinend mochte er mich immer noch. Dieser fünfte Schritt rückt das Selbstbild zurecht. Es nimmt ihm die Spitzen, es entdramatisiert uns, es macht uns menschlich, demütig und greifbarer. Du nimmst dich selbst besser wahr, du siehst deutlicher, was alles schiefläuft und wo du wirklich Hilfe brauchst, aber du erkennst auch, daß dich das nicht zu dem schlechten Menschen macht, der du zu sein glaubtest.

Im Leben eines Süchtigen ist immer alles irgendwie dramatisch und schlimm. Wir Süchtige halten es nicht aus, einfach mal entspannt und gelassen zu sein (auch wenn wir uns natürlich sehr danach sehnen!), wir wollen glitzern und strahlen, beachtet werden und auffallen, egal ob positiv oder negativ. Das billige Drama ist für unseren aufgepeitschten Emotionalkörper immer noch besser als gar keins, so glauben wir. So spüren wir wenigstens irgend etwas durch unsere Betäubung hindurch, für die wir mit unserer Sucht sorgen. Das ist, als betäubtest du erst mit Valium und schautest dir danach einen grellen Actionfilm an, um dich wieder lebendig zu fühlen – kontrolliert und in einem fest abgesteckten Energiefeld.

Solange du dich überißt, hast du die Kontrolle über deine Gefühle, du kannst entscheiden, welche Gefühle du wahrnimmst und welche nicht. Das stimmt. Du kannst aber nicht entscheiden, was du fühlst, was sich wirklich in deinem Emotionalkörper abspielt, du entscheidest nur über das, was in deinem Bewußtsein ankommt. Damit wirst du handlungsunfähig, weil du gar nicht mitkriegst, was überhaupt in dir passiert, ist dir das eigentlich klar? Du verpaßt dir selbst eine emotionale Vollnarkose – und dann schreist du, daß du nichts spürst und daß dein Leben an dir vorbeigeht, ohne daß du es wahrhaftig lebst! Klar tut es das, aber du bist ja auch gar nicht da.

Im Leben eines Süchtigen ist immer alles irgendwie dramatisch und schlimm.

Wir brauchen Aufmerksamkeit und Liebe und die bekommen wir nur – so glauben wir als Süchtige –, wenn wir uns größer machen, als wir sind, in welche Richtung auch immer. Aber so bin ich nicht. In meinem wahren Selbst ist es ruhig, hell und klar, ich brauche in Wahrheit kein aufgewühltes, wildes Gewässer, um mich lebendig zu fühlen. Mit meiner Sucht saß ich wie in einer Art Hochsitz, war hochmütig und überheblich, beschämt und unsicher zugleich; diese Zustände hielten sich gegenseitig die Waage.

Mein Schicksal ist etwas ganz Besonderes für mich, aber weder für den Lauf der Welt noch für die Menschen in der 12-Schritte-Gruppe von großer Bedeutung. Ich muß auch nicht so toll sein, wie ich immer glaubte. Shakti Gawain schrieb in ihrem Buch »Heimat im Licht« folgenden Satz:

»Ich liebe mich mit meinen erlösten und meinen unerlösten Anteilen.«

Diesen Satz hielt ich mir immer wieder vor Augen. Natürlich wollte ich mit den unerlösten Anteilen anders umgehen, wollte abstinent werden vom zwanghaften Essen. Aber deshalb mußte ich mich nicht gleich vollkommen von mir abwenden, im Gegenteil, ich durfte mich endlich mir selbst zuwenden und genau hinschauen, um zu sehen, was eigentlich los ist.

Du verlierst die Angst vor deinen Schattenseiten, wenn du sie in diesem geschützten Rahmen zeigst, weil die Geheimniskrämerei und das Verleugnen endlich aufhören. Es macht dich auf eine sehr gesunde Weise unangreifbar.

Ich liebe mich mit meinen erlösten und meinen unerlösten Anteilen.

Wenn du dieses Buch gelesen hast, wirst du sehr viel über mich wissen. Vielleicht bröckelt das Bild, das du dir von mir gemacht hast (dann war es sowieso falsch). Aber weil ich es zugebe, dazu stehe und mich dennoch liebe und um Genesung bitte, bin ich nicht verletzbar. Deshalb kann ich es mit dir teilen, verstehst du? Was immer du über mich denkst, wenn du das hier gelesen hast, ist vielleicht einfach richtig! Und dennoch stimmt es nicht, denn alles, was ich schreibe, gehört zu den seelischen Erfahrungen, die wir als Menschen durchmachen müssen. Ich dokumentiere einfach das, was wir alle auf irgendeine Weise erleben und in uns finden, wenn wir genau hinschauen.

Nachdem ich im fünften meinen vierten Schritt (das, was ich beim Inventurmachen gefunden hatte) mitgeteilt hatte, mußte ich nicht länger trotzig sein, ich schämte mich nicht mehr. Endlich konnte ich zugeben, was los war, und damit kam auch die Bereitschaft, diese Bereiche meines Lebens allmählich zu ändern oder von mir nehmen zu lassen. Ich hatte Hoffnung geschöpft, ich konnte mich selbst annehmen, ich fühlte mich mir selbst näher, und ich sah auf einmal einen Weg, aus diesem aussichtslosen Tanz um Essen, Nichtessen, zuviel Gewicht, Hoffnungslosigkeit und Scham auszusteigen. Ich hatte endlich den Schutzraum gefunden, nach dem ich mich so gesehnt hatte und konnte nun beginnen, nach und nach loszulassen. Allein aber würde ich es nicht schaffen, das war klar, denn das hatte ich längst versucht …

Ich hatte Hoffnung geschöpft.

Wir würden schließlich nicht um Erlösung bitten, wenn wir sie nicht dringend brauchten, oder?

Wie gewöhnliche Speisen durch den Geschmack der Gewürze in besser schmeckende verwandelt werden, so wird durch das Feuer des Heiligen Geistes die gewöhnliche Natur des Menschen in eine bessere umgewandelt.

Hildegard von Bingen (1098–1179),
deutsche Mystikerin, Äbtissin und Naturwissenschaftlerin,
katholische Heilige

Sechster Schritt

Wir sind bereit, all unsere Charakterfehler von Gott beseitigen zu lassen.

Das hört sich bei weitem nicht so schwierig an, wie es tatsächlich ist. Denn zu Beginn dieses Schrittes bist du nicht wirklich du selbst, du glaubst nur, es zu sein.

Natürlich war ich bereit, die kleinen Fehler von mir nehmen zu lassen Ein paar Veränderungen hier, ein paar Verschönerungen da. Marianne Williamson drückt es in ihrem Buch »Rückkehr zur Liebe« so aus:

»Mein Leben war sozusagen ein Haus, und ich hatte geglaubt, daß Gott ihm nun einen wunderbaren neuen Anstrich verpassen würde – vielleicht auch ein paar neue Fensterläden, ein hübsches Säulenportal und ein neues Dach. Aber nichts dergleichen. Kaum hatte ich mein Haus Gott übergeben, schien Er mit einer riesigen Abrißkugel dagegen zu donnern. Tut mir leid, Schätzchen, schien Er zu sagen, aber das Fundament ist schon brüchig, von den vielen Ratten im Schlafzimmer ganz zu schweigen. Ich denke, wir fangen besser ganz neu an.«

Ich war absolut bereit dazu, dünn zu werden und das zwanghafte Denken und Umgehen mit Essen von mir nehmen zu lassen, aber natürlich war ich nicht bereit, wirklich weniger zu essen. Ich wollte mich nur beim Essen besser fühlen.

Wenn du bereit wirst, das süchtige Verhalten aufzugeben, dann wirst du dich dem Leben stellen müssen, so, wie es ist. Das billige Drama hört auf, der Opfertrip, die Schuldzuweisungen. Du wirst die Verantwortung für dich tragen müssen, erkennen müssen, daß du es bist, der jede Entscheidung trifft. Das scheint anfangs fast unmöglich, denn es fühlt sich nicht so an: Es sind doch die Umstände, die uns zum Handeln zwingen, nicht wahr? Du denkst: Wenn mein Beruf nicht so anstrengend wäre und mein Partner nicht krank und so weiter, dann müßte ich auch nicht soviel essen.

Wenn du bereit wirst, das süchtige Verhalten aufzugeben, dann wirst du dich dem Leben stellen müssen, so, wie es ist.

Nun, so kommen wir aber nicht weiter, egal ob wir das für wahr halten oder nicht. Egal wie sehr du glaubst, daß die äußeren Umstände dein Verhalten bestimmen, es führt nirgendwohin. Also ist es keine sinnvolle Art, das Leben zu betrachten.

Ich ging nun schon ein paar Wochen in die 12-Schritte-Gruppe, fühlte mich schon sehr viel klarer und stabiler, erkannte immer deutlicher, daß das Problem in mir lag und daß ich dem Essen nicht hilflos ausgeliefert war, wenn ich einige Regeln beachtete. Und dennoch fehlte mir der Schlüssel, ich hatte noch keinen echten Grund gefunden, mich der Leere zu stellen, die, wie ich fürchtete, unweigerlich kommen würde, wenn ich mich nicht überaß. Eines Abends meditierte ich und fragte meine höhere Macht, wozu ich denn aufhören sollte, mich zu überessen, was daran außer vielleicht ein paar Kilo weniger der echte Gewinn sein könnte. Die Antwort war eine Offenbarung:
»Wenn du dich überißt, dann blockierst du deine feinstofflichen Leitungen. Dann hörst du erstens deine innere Stim-

me nicht, zweitens blockierst du deine eigene spirituelle Kraft, drittens stopfst du dir den Solarplexus, also den spirituellen Sitz deines Willens, zu. Du hältst dich selbst in spiritueller Ohnmacht gefangen. Wenn du das Werkzeug, nämlich den freien Fluß deiner Energie, immer wieder unterbindest, indem du zuviel ißt, wirst du schwer und träge, und deine Energie fließt nicht, du spürst deine Gefühle nicht, du bist kein freier Kanal für göttliches Licht. Wir können in deinem Leben nicht wirken, deine Schwingung nicht erhöhen, wenn du sie immer wieder durch zuviel Essen senkst.«

Das war mir nicht nur neu, das war auch ein gutes Argument, mit dem zwanghaften Essen aufzuhören! Ich bat schon so lange um Führung, um Leichtigkeit und um mehr Erfüllung und Glück, aber ich hatte nie verstanden, daß ich selbst die feinstofflichen Kanäle, durch die mir mehr Licht gesendet werden konnte, blockierte! Ich hatte mich durch das Essen von der Kraft abgeschnitten, um die ich so inständig bat, von meiner göttlichen Führung. Gott konnte keine Wunder in meinem Leben wirken, wenn ich es ihm nicht erlaubte, wenn ich ihm den Zugang immer wieder verwehrte, mein Energiefeld immer wieder senkte.

Gott konnte keine Wunder in meinem Leben wirken, wenn ich es ihm nicht erlaubte.

In diesem Augenblick erinnerte ich mich an etwas: Ich hatte vor ein paar Monaten eine Auraphotographie machen lassen – über mir schwebte ein riesiger roter Balken. Selbst die Photographin, die sehr geübt ist im Lesen der Aura, wußte nicht, was dieser Balken bedeuten sollte. Nun war mir klar, daß dieser Balken die Sucht war, eine Trennwand zwischen den göttlichen Informationen und dem Kronenchakra. Ob ich mir diesen Balken auf höherer Ebene bewußt in die Aura gesetzt hatte, um die Erfahrung mit »Sucht« zu machen, oder ob er durch die Sucht entstanden war, spielt keine Rolle. Vielleicht hast du, wenn du eine solche Auraphotographie anfertigen läßt, keinen roten Balken und bist dennoch süchtig, ich weiß es nicht. Für mich jedoch war klar, hier steckte die spirituelle Sperre. (Vor ein paar Jahren habe ich wieder eine Photographie machen lassen: Es war kein roter Balken mehr sichtbar... und ich habe auch nicht mehr das Gefühl einer Blockade.)

Ich mußte also ins kalte Wasser springen, um frei zu werden. Ich mußte ausprobieren, was passierte, wenn ich das Loch in mir einmal nicht mit Essen zustopfte, sondern der göttlichen Kraft erlaubte, es auf ihre Weise zu füllen. Ich hatte beinah panische Angst vor dem, was mich erwartete, dachte, ich fiele zurück in die alte Einsamkeit und Ungeborgenheit. Aber ich mußte einen Versuch wagen.

Ich mußte also ins kalte Wasser springen, um frei zu werden.

Am Abend saß ich wie immer am Tisch und entschied, ganz bewußt und nur für heute auf das Ausleben der Sucht zu verzichten. Ich betete also: »Liebe göttliche Führung, gib mir bitte die Bereitschaft, heute nur das zu essen, was mein Körper wirklich braucht.«

Ich begann sehr vorsichtig und achtsam zu essen (schon das war schwierig genug, weil ich am liebsten einfach vor mich hin aß, gedankenverloren meiner Sucht nachgab), fragte bei jedem Bissen, ob es noch in Ordnung war. Nachdem ich den Teller zu zwei Dritteln leer gegessen hatte, hörte ich auf einmal eine innere Stimme. Sie sagte: »Es reicht, das ist genug.« Ich war noch nicht mal ansatzweise satt, geschweige denn voll. Aber als ich in meinen Magen hineinspürte, fühlte es sich sehr gut an, es war noch ein bißchen Raum, aber ich mußte ihn nicht über die Maße zustopfen. Stolz legte ich die Gabel hin, ich fühlte mich großartig. Dieses Gefühl hielt nicht mal zwei Minuten, dann schlug die Sucht zu.

Das bißchen schadet dir doch nicht, sagte sie, komm, iß den Teller leer, es macht nichts, davon wirst du nicht dick … Ich kannte den Text. Ich schloß die Augen, bat um Kraft und Führung und hielt das innere Betteln um Nahrung, um das beruhigende Gefühl, vollgestopft zu sein, aus. Der Druck wurde trotz des Betens immer stärker, aber ich wußte, für diesen einen Abend mußte ich es aushalten. Es war eine Erfahrung, die ich endlich machen, ein Gefühl, dem ich mich endlich stellen mußte. Ich hatte buchstäblich das Gefühl, zu verhungern, wenn ich mich nicht vollstopfte, obwohl mein Verstand natürlich wußte, daß das Unsinn war.

Der Verstand ist aber auch nicht der süchtige Teil in mir.

Der Verstand ist aber auch nicht der süchtige Teil in mir. Für meine Gefühle war es die nackte Wahrheit. Noch heute, jetzt, während ich das schreibe, spüre ich die unsägliche Leere und Einsamkeit, der ich mich damals stellen mußte und die noch heute immer wieder spürbar ist, wenn auch weitaus weniger intensiv und in viel größeren Abständen. Ich weiß nicht, wie ich den Abend überstand, aber ich aß nichts mehr, sondern hielt bewußt aus, was ich spürte, drückte es nicht weg, saß einfach mit geschlossenen Augen am Tisch und fühlte.

Ich erkannte, daß die Sucht, der innere Druck, die Leere, der Sog, in Wellen kam, wie die Brandung des Meeres. Wenn ich die Brecher überstand, zog sie sich auch wieder zurück. Ich konnte es für diesen einen Abend aushalten, ich gab mich nicht geschlagen, griff nicht doch noch mit diesem Es-ist-doch-sowieso-egal-Gefühl zur Gabel. Ich glaube, ich ging früh zu Bett und las, während der Kampf in mir tobte, aber ich wußte so sicher wie nie zuvor, daß ich diesmal nicht nachgeben durfte, daß ich eine überaus wichtige Erfahrung machte, vor einem Quantensprung stand.

Nur für heute schaffe ich es, abstinent zu bleiben.

Am nächsten Morgen fühlte ich mich großartig, stabil, gesund und frei – die Erkennungsmerkmale eines abstinenten Lebens. Darauf wollte ich nicht mehr verzichten – und so begann mein langer Weg heraus aus der Sucht. Natürlich hatte ich immer wieder Rückfälle, das haben wir fast alle. Aber das macht nichts. Es gibt bei den Overeater Anonymous das Motto: »Nur für heute schaffe ich es, abstinent zu bleiben.« Dieses »nur für heute« bedeutet manchmal »für die nächsten fünf Minuten«, und dann folgen die nächsten fünf Minuten. Wenn du in einem Eßanfall steckst und dich fühlst wie in deiner persönlichen emotionalen Steinzeit, dann fangen deine nächsten vierundzwanzig Stunden in der Sekunde an, in der du wieder auftauchen und klar denken kannst. Wenn du abstinent wirst, bekommst du das wertvollste Geschenk, das du dir nur vorstellen kannst: Zeit zum Innehalten. Es ist eine einzige Sekunde, aber die macht den Unterschied aus. In dieser einen Sekunde kannst du wählen. Das innere Suchtprogramm fragt dich noch einmal, ob du wirklich sicher bist, bevor es startet. Du bekommst deine Freiheit zurück, den freien Willen.

Ich habe immer noch ab und zu Suchtdruck, vielleicht hört das niemals auf. Aber ich habe diese eine Sekunde, in der ich mich entscheiden kann, ob ich der Sucht nachgebe oder nicht. Der Automatismus hört auf, und ich kann aussteigen. Ein größeres Geschenk als den freien Willen kannst du als Süchtiger nicht bekommen, denn genau der ist es, was dir in der Sucht fehlt. Mit ihm bekommst du deine Selbstverantwortung zurück, du kannst dem süchtigen Teufelskreis entkommen, bist in der Lage, wieder selbst zu entscheiden.

Die Werkzeuge auf dem Weg dorthin sind Achtsamkeit, Aufrichtigkeit und die Bitte um Kraft und um Bereitschaft. Du kannst (zumindest zu Beginn deiner Abstinenz) nicht mal schnell einen Keks essen, denn wenn du der Sucht den kleinen Finger reichst, dann hängst du ganz schnell wieder drin. »Laß das erste Glas stehen« ist in bezug auf das Essen sehr radikal, denn du mußt darauf achten, was dein erstes Glas sein könnte. Bei mir sind es immer Süßigkeiten, aber auch frisches Brot beziehungsweise alles, was ich zwischendurch esse, wenn ich dabei nicht von innen geführt werde. Das Stück Käse aus dem Kühlschrank, ein einziges Gummibärchen oder ein Joghurt – all das kann das erste Glas sein. Es geht dabei in keiner Weise um Kalorien, sondern um deine Absicht, um deine Energie. Der gleiche Joghurt kann, wenn ich ihn bewußt esse und als Mahlzeit einplane, genau richtig sein.

Es geht dabei in keiner Weise um Kalorien.

Das Schwierige beim abstinenten Essen ist, daß wir nicht unterscheiden können, was Suchtessen ist und was nicht. Aber das scheint nur so, denn du weißt es, wenn du ißt. Wir jammern, daß es Alkoholiker leichter haben, denn sie müßten einfach aufhören zu trinken, während wir lernen müßten, mit dem Essen, also unserem Suchtstoff, umzugehen, und genau das können wir ja nicht. (Ist das nicht ein herrlich süchtiger Selbstmitleidstrip? Sind wir nicht schon wieder besonders schlimm dran?)

Aber das stimmt nicht. Es gibt einen klaren Unterschied zwischen süchtigem Essen und einer gesunden Mahlzeit, selbst wenn sie aus den gleichen Zutaten besteht. Beim süchtigen Essen bist du wie ferngesteuert, und du wirst ungehalten, wenn dich jemand darauf anspricht oder dich gar stört. Wenn du eine gesunde, also abstinente, Mahlzeit ißt, bleibst du im Vollbesitz deiner geistigen Kräfte, bist ansprechbar und kannst jederzeit aufhören, wenn du spürst, es ist genug. Der Unterschied ist ganz einfach: Hast du das Okay deiner höheren Macht, ja oder nein? Wenn du sie gar nicht gefragt hast, dann halte inne, und frag bitte jetzt, auf der Stelle, denn dann steckst du wahrscheinlich längst mitten im nächsten Trip.

Jedes Mal, wenn du unbewußt, also süchtig, zugreifst, egal, worum es sich dabei handelt, stärkst du die Sucht. Aber jedes Mal, wenn du es nicht tust, sondern um Führung und Kraft bittest, nährst du die gesunden, abstinenten und freien Anteile in dir.

Du wirst dich sicher eine Zeitlang sehr schutzlos und unsicher fühlen, du kannst dich nicht mehr hinter dem Essen verstecken, auch deine anderen Kontroll- und Abwehrmechanismen wirken nicht mehr, wenn du diesen Schritt gehst.

Jedes Mal, wenn du unbewußt, also süchtig, zugreifst, egal, worum es sich dabei handelt, stärkst du die Sucht.

Du gibst die Hoffnung auf den großen Gewinn auf. Du bist bereit, die Würfel fallen zu lassen, wie sie fallen wollen. Du hörst auf zu kontrollieren, läßt deine Eltern und alle anderen endlich sein, wie sie sind, und machst die Tür hinter deiner Hoffnung, den Kampf doch noch zu gewinnen, leise zu.

Kannst du dir vorstellen, wie schmerzlich und enttäuschend es sein kann, festzustellen, daß du niemals den Topf mit Gold am Ende des Regenbogens bekommen wirst, egal, wie sehr du dich anstrengst? Kannst du dir vorstellen, daß es ein hartes Stück innere Arbeit ist, mit der Suche aufzuhören und weiterzugehen, vor allem dann, wenn du dein bisheriges Leben nachgerade der Suche nach dem Topf mit Gold, nach Liebe, Anerkennung oder Erfolg gewidmet hast? Wie viele Opfer hast du schon gebracht, um endlich zu bekommen, was du dir so ersehnst? Und jetzt sollst du es einfach aufgeben?

Ja. Weil es das, was du suchst, sowieso nicht gibt. Es gibt etwas viel Besseres.

Weil wir als Kinder so sehr im Mangel waren, ob uns Schutz, Aufmerksamkeit, Liebe, Geborgenheit oder Vertrauen fehlten, haben wir uns eine Art Traumschloß errichtet.

Wir hoffen, irgendwann erfüllt zu sein, irgendwann muß doch diese nagende, bohrende und schmerzliche Sehnsucht gestillt werden! Wenn wir nur erst erfolgreich sind, genug Geld haben, dünn genug sind, den richtigen Partner haben, den idealen Beruf, das richtige Haus, ein Kind ... was auch immer. Dann endlich wird dieses innere Verlangen gestillt – so glauben und hoffen wir, darauf bauen wir.

Nun, vielleicht kommt die ersehnte Erfüllung eines Tages. Sie wird sich aber völlig anders anfühlen als das, was wir erwarten. Selbst Sehnsucht kann wie eine Sucht sein. Wir erhoffen uns eine bestimmte Art von Erfüllung, das innere Loch soll endlich heilen, und wir glauben, wir wüßten, was geschehen muß, damit es heilt. Nun, manchmal irren wir uns. Manchmal ist es nicht zu heilen, weil es das, was wir brauchen oder zu brauchen glauben, gar nicht gibt, zumindest nicht im Außen. Dann ist es hilfreich, die Sehnsucht selbst von uns nehmen zu lassen und um echte Erfüllung zu bitten. Wenn wir lange nicht erfüllt waren, wenn wir in uns eine schmerzliche Sehnsucht tragen, dann bekommt sie eine Eigendynamik, und sie wird immer größer und unstillbarer. Wir romantisieren unsere Eltern, wenn sie zuwenig für uns da waren, wir romantisieren unsere Partner oder unseren Heimatort oder wessen Energie oder Aufmerksamkeit auch immer wir zu brauchen glauben.

Selbst Sehnsucht kann wie eine Sucht sein.

Aber das ist ein sinnloses Unterfangen, diese Sehnsucht ist von außen nicht erfüllbar. Selbst wenn du in deinen

Heimatort ziehen würdest, selbst wenn deine Eltern endlich Zeit für dich hätten, wenn dein Partner dir geben würde, was du dir so schmerzlich ersehnst, würde es dieses innere Loch nicht füllen, denn du hättest immer wieder die durchaus angemessene Angst, diese Energie zu verlieren. Wenn du aber um die Kraft bittest, die du wirklich brauchst, wenn du dein inneres Kind in den Zaubergarten schickst und erlaubst, daß seine tiefsten Sehnsüchte erfüllt werden, dann wirst du frei. Das heißt nicht, daß du äußerlich im Mangel verharren sollst. Öffne dich für Erfüllung auch im Außen. Sie kommt allerdings meistens erst dann, wenn die inneren Wunden zumindest angeschaut worden sind.

Öffne dich für Erfüllung auch im Außen.

Häufig ist das, was wir so dringend vom anderen zu brauchen glauben, gar nicht verfügbar. Würde er es uns geben wollen oder können, hätte er es schon längst getan. Also gib den Kampf um die Energie im Außen auf, und richte deine Aufmerksamkeit nach innen.

Nachfolgend biete ich dir eine Meditation an, die zwar nichts mit den zwölf Schritten zu tun hat, aber dein inneres Kind wird sie vielleicht brauchen. Du findest sie auch in anderen meiner Bücher, denn ich halte sie für sehr wichtig; und vielleicht ist dieses Buch hier das einzige, das du von mir liest.

Was du während dieser Meditation erlebst, kann übrigens jedesmal ein wenig anders sein, je nachdem, welcher Teil des inneren Kindes gerade angesprochen wird.

MEDITATION

Die Heimat des inneren Kindes

Mach es dir bitte ganz bequem. Lege entspannende Musik auf, wenn dir das guttut, entspanne dich, atme tief in den Bauch ein, werde ruhig …

Vor deinem inneren Auge entsteht eine wunderschöne Landschaft, eine Landschaft, die deiner Seele entspricht. Es gibt darin einen kleinen Weg, einen Pfad, und du gehst ihn gemächlich und von innerem Frieden erfüllt entlang. Du nimmst die Landschaft mit all deinen Sinnen wahr, entspannst dich, läßt dich verzaubern. Nimm dir Zeit, anzukommen und die Landschaft zu erforschen.
Auf einmal entdeckst du ein kleines Kind, ein Mädchen oder einen Jungen. (Wundere dich nicht, als Frau kannst du durchaus auch ein männliches inneres Kind bzw. als Mann ein weibliches haben.) Vielleicht kennst du das Kind schon, vielleicht nicht. Achte besonders darauf, ob es dich kennt und ob es auf dich zukommt. Dieses Kind ist vielleicht verletzt, vielleicht spielt es auch friedlich mit den Tieren auf der Wiese oder im Wald, in dem es sich befindet. Schaue es dir in Ruhe an, und gehe bitte mit ihm um, wie du mit einem Kind umgehen würdest, das du sehr liebst und beschützen willst. Möglicherweise wandelt sich das Bild, und

du bist gar nicht mehr in der Natur, sondern findest dich in einer Situation wieder, in der du sehr verletzt wurdest. Schaue alles an, nimm die Gefühle des Kindes wahr – und dann greife ein. Hole das Kind endlich aus der Gefahrenzone, behüte und beschütze es.Du bist nun erwachsen, du kannst das für dein inneres Kind tun, was deine Eltern oder wer auch immer nicht tun konnten. Du bist nun die Mutter, der Vater, die Vertrauensperson deines inneren Kindes.

Es kann auch sein, daß das Kind ganz friedlich dasitzt und dich vertrauensvoll willkommen heißt. Nimm es in die Arme, wenn du möchtest und wenn es das zuläßt. Und dann sage ihm, daß du einen wunderbaren Ort kennst, einen Zaubergarten, in dem seine tiefsten und geheimsten Wünsche und Sehnsüchte erfüllt werden, in dem es Geborgenheit und Schutz findet, nie wieder allein, nie wieder einsam ist. An diesem Ort wird es niemals verletzt werden, es darf sich vollkommen fallen lassen und bekommt, was es braucht. Sage ihm, daß du gekommen bist, um es endlich nach Hause zu bringen.

Du beginnst, den Weg weiterzugehen, und dein inneres Kind begleitet dich. Vielleicht trägst du es, vielleicht nimmt es deine Hand, vielleicht aber springt es auch vergnügt vor dir her. Die Natur wird immer geheimnisvoller, magischer, immer schöner. Du fühlst dich wie in einem besonders versteckten Teil deiner inneren Landschaft, und so ist es auch.

Auf einmal kommst du an ein Tor. Ein Wächter steht davor, er ist groß und machtvoll. »Was ist dein Begehr?« fragt er dich mit ernster Stimme, und du antwortest:

»Ich bringe mein Kind nach Hause.« Augenblicklich öffnet sich das Tor, und du betrittst den Zaubergarten des inneren Kindes. Dein inneres Kind hüpft begeistert hinter dir her, vielleicht ist es auch bereits vorausgerannt. Der Zaubergarten ist wunderschön, hier findest du alles, was das Herz deines inneren Kindes begehrt. Die Hüterin oder der Hüter dieses Gartens, ein großer, sehr heller Engel, tritt auf dich zu. Er begrüßt dich und das Kind sehr liebevoll und fragt das Kind nach seinen geheimsten Wünschen. Du brauchst sie nicht zu kennen, es genügt, wenn dein inneres Kind weiß, was es braucht. Manchmal ist es sogar besser, wenn du diese Wünsche nicht kennst, damit du sie nicht bewertest und abtust. Nur weil du als Kind nicht bekommen hast, was du brauchst, heißt das noch lange nicht, daß deine Wünsche nicht dennoch vollkommen angemessen waren und sind. Nun entsteht vor deinem inneren Auge eine Szene, in der dein inneres Kind genau das bekommt, was es braucht. Sein innigster, dringendster, geheimster Wunsch wird erfüllt, und zwar auf genau die Weise, die jetzt richtig ist. Es kann sein, daß es auf einem Einhorn reitet oder mit Engeln fliegt. Ist sein innigster Wunsch, Zeit mit liebevollen Eltern zu verbringen, dann sind sie auf einmal da und geben ihm, was es braucht. Vielleicht braucht es Schutz, Spielgefährten, eine Bühne, auf der es sich ganz frei und ungehindert zeigen und ausdrücken kann, oder ein Tier, das es begleitet. Will es mit den Engeln zurück in das Engelreich fliegen und dort bleiben, dann

bitte es, von dort oben aus gute Kraft in dein Herz zu senden. Vertraue bitte dem, was geschieht, du bist hier sicher und geschützt. Was auch immer dein inneres Kind braucht, damit seine und deine geheimsten und dringendsten Sehnsüchte gestillt werden, hier und jetzt wird es wahr. Sei ganz offen für die Art und Weise, wie es sich erfüllt, im Zaubergarten kann wahrhaftig alles geschehen. Selbst wenn es dir unsinnig vorkommen mag, für das innere Kind ist es genau richtig. Du wirst spüren, wie sich etwas in dir zu entfalten beginnt, etwas in dir zur Ruhe kommt. Wenn dein inneres Kind bekommt, was es braucht, dann mußt du nicht länger im Außen nach billigen, unzureichenden Ersatzbefriedigungen suchen. Dann kann von außen kommen, was leicht und einfach zu dir kommen will, aber es muß kein dringendes inneres Bedürfnis mehr erfüllen. Sieh dein Kind, wie glücklich es ist, wie es endlich bekommt, was es braucht. Wisse, daß deine Wünsche in diesem inneren Zaubergarten immer erfüllt werden. Hier kann dein Kind geheilt werden, hier kann es sich erholen, hier ist der Ort, an dem es ganz werden darf und seine Liebe, Zauberkraft und Freude entfalten kann. Dieser Ort befindet sich in der Mitte deines Herzens, und von hier aus kann das innere Kind nun seine Liebe und Glückseligkeit in dein Leben hineinstrahlen lassen. Wann immer du bemerkst, daß dein inneres Kind Verantwortung für eine schwierige Situation übernehmen will, wann immer dieses hilflose und verzweifelte Gefühl kommt, kannst du mit ihm in den Zaubergarten gehen, den Hüter des Gartens bitten, für das Kind zu sorgen, und deine Aufgaben mit Hilfe deiner Schutzengel zu lösen und deinen Seelenplan zu erfüllen. Es sind gerade die dunklen inneren Kinder, die immer noch versuchen, sich zu verstecken, mit denen wir in den Zaubergarten gehen müssen. Du wirst dich wundern, wie rasch sie dort ihre Trotzhaltung aufgeben und endlich zu Hause ankommen. Spüre bitte ganz deutlich, daß sich der Zaubergarten im Innern deines Herzens befindet, und bitte das innere Kind, dir seine Energie in dein Herz zu senden. Nimm wahr, wie sich das anfühlt, wie warm und frei dein Herz auf einmal wird. Wann immer du traurig bist, wann immer du dich an eine Situation erinnerst, in der dein inneres Kind sehr verletzt wurde, ob du nun bereits erwachsen oder noch ein Kind warst, gehe als Erwachsene in die Situation, hole dein Kind heraus, und bringe es in den Zaubergarten. Hier findet es für immer Liebe, Schutz und Heilung. Bewahre das warme Gefühl im Herzen, erlaube, daß es sich in deinem ganzen Körper ausbreitet, und nimm deine Umgebung wieder wahr. Bleibe verbunden mit deinem Innern, und öffne deine Sinne gleichzeitig für deine äußere Welt. Recke und strecke dich, sei ganz zuversichtlich, du hast nun einen Schutzraum für den verletzlichsten, liebevollsten Teil deines Selbst gefunden!

Das Gebet, das ein Mensch mit all seiner Macht leistet, hat eine große Kraft.

Mechthild von Magdeburg (um 1210–1283),
deutsche Zisterzienserin und Mystikerin

Siebter Schritt

Demütig bitten wir Gott, unsere Mängel von uns zu nehmen.

In diesem Schritt geht es nun darum, daß wir Gott unsere Mängel anvertrauen – aber besonders unser Mangelbewußtsein! Denn warum sind wir überhaupt süchtig? Weil in uns eine riesige Leere herrscht, eine Leere, die tobt und wütet, wenn wir sie nicht augenblicklich zuschütten. Diese Leere nach und nach zuzulassen und mit echter Kraft zu füllen, das Ausweichverhalten aufzugeben und die Leere zu spüren, das bedeutet es, diesen Schritt zu gehen.

Diese Kraft ist neu in unserem Leben, wir haben sie noch nicht entwickelt und wissen nicht, wie sie sich anfühlt. Sie kommt nicht aus unserem bewußten Selbst heraus, wir können sie nicht erzeugen, wir können nur darum bitten und uns dafür öffnen. Wir brauchen Hilfe, und das können wir nur zugeben, wenn wir demütig sind. »Bitte« zu sagen bedeutet immer, anzuerkennen, daß wir etwas brauchen – und wir Süchtigen glauben nicht, daß wir irgend etwas brauchen. Wir können nur sehr schlecht um Hilfe bitten, geschweige denn sie annehmen, weil das zeigt, daß wir in einem Bereich unseres Lebens bedürftig sind und offensichtlich nicht in der Lage, die Kontrolle aufrechtzuerhalten. Wir sind energetisch so sehr im Mangel, daß wir eine riesige Angst davor haben, etwas zu brauchen, weil wir davon ausgehen, daß wir es nicht bekommen.

Also richten wir all unsere Bedürfnisse auf den einen Stoff, den wir uns untertan gemacht haben, den wir scheinbar beherrschen, der verfügbar ist. Wir konzentrieren unseren Mangel und all unsere Bedürfnisse auf eine Sache, damit wir möglichst unabhängig von allen anderen werden. Je tiefer wir in unsere Sucht hineinrutschen, desto stärker wird das Gefühl, daß wir sowieso nie bekommen, was wir wirklich brauchen, und desto süchtiger werden wir. Das ist, als tränkest du Meerwasser; du verdurstest dabei, weil es nicht nur nicht das ist, was du brauchst, sondern weil du, indem du dich in der Illusion wiegst, genährt zu werden, immer weiter von der echten Erfüllung deiner Bedürfnisse entfernst. Wir geben dem Leben gar keine Chance, uns zu geben, was wir brauchen, wenn wir jedes Bedürfnis selbst und auf die immer gleiche, langweilige Weise beantworten!

Halte inne, und bitte das Leben, dir das zu geben, was du wirklich brauchst.

Deshalb bedeutet dieser Schritt: Halte inne, und bitte das Leben, dir das zu geben, was du wirklich brauchst. Halte den Kanal in dir frei, auch wenn du nicht weißt, womit du erfüllt werden wirst. Du kannst es nicht wissen, denn du hast in diesem Bereich noch nie Erfüllung erfahren.

Ich kann es nicht oft genug sagen: Du kannst nicht lernen, mit deinem Suchtstoff umzugehen, sonst würde er dich nicht süchtig machen. Seine Wirkung entzieht sich deiner Kontrolle. Egal ob es sich um Beziehungen, um Alkohol, Schokolade, Nahrung im allgemeinen, deine Arbeit oder um ein anderes Mittel handelt.

Stelle dir bitte vor, du säßest in einem brennenden Haus, du willst den Brand löschen, bleibst aber drin. So wirst du nichts ausrichten können, weil du gar nicht erkennst, wo es eigentlich brennt, außerdem kommst du nicht an Wasser, und die Situation ist lebensbedrohlich.

Aus einer Sucht kann man nur aussteigen, das ist die einzige Möglichkeit, die Aufgabe, die damit verbunden ist. Jede Sucht ist wie ein Energiefeld, das bestimmte verdrehte Denkweisen, Verhaltensmuster, Selbsttäuschung und sehr viel Eigensinn hervorruft. Innerhalb dieses Feldes kannst du nichts ändern, weil du drinsteckst und nicht klar denken und fühlen kannst, auch wenn es dir nicht so vorkommt. Wie verdreht du denkst, erkennst du erst, wenn du abstinent wirst. Dein Suchtmittel selbst ist nicht das Problem. Das Problem ist, daß dich das Mittel schnurstracks in das Suchtfeld hineinführt, ohne daß du es verhindern kannst. Natürlich kannst du lernen, dich nicht mehr hineinführen zu lassen, aber nur, wenn du draußen bist.

(Und seien wir doch ehrlich, warum wollen wir denn so unbedingt lernen, mit unserem Suchtmittel umzugehen? Eigentlich wollen wir das nur, damit wir es nicht aufzugeben brauchen. Siehst du, wie verdreht du denkst, wie dich die Sucht manipuliert? Der süchtige Teil in dir weiß genau, was ihm blüht, wenn du das durchschaust, und so klaubt er alle scheinbar logischen Argumente zusammen, die er nur findet. Und das sind leider eine Menge ...)

Wenn du ernsthaft aus der Sucht aussteigen willst, dann gehe den langen Weg. Mache dir ganz klar, welche Stoffe und Situationen dich wieder direkt hineinführen – und VERMEIDE sie. Irgendwann wirst du dich einigen von ihnen stellen können, sie sind dann nicht mehr das Transportmittel in die Sucht, also nicht mehr suchtauslösend. Und einigen wirst du dich vielleicht niemals nähern können, ohne diesen ungeheuren Sog zu spüren, der mit der Sucht einhergeht. Aber das willst du auch gar nicht mehr, wenn du nur lange genug abstinent bist.

Aus einer Sucht kann man nur aussteigen.

Wie aber vermeidest du suchtauslösende Situationen? Indem du um Kraft bittest und um klare innere Impulse. Verlasse dich ruhig auch auf deinen gesunden Menschenverstand. Wenn du weißt, daß du nicht mit Süßigkeiten umgehen kannst, dann bitte um die Bereitschaft und um Kraft, erst gar nicht durch den Gang mit entsprechenden Angeboten hindurchzugehen, und halte dich dran. Wenn du weißt, du bist nicht in der Lage, bei dir zu bleiben, wenn du vor einem kalten Büffet stehst, weil du bei all den Angeboten nicht mehr klar denken kannst, kann es sinnvoll sein, die Veranstaltung zu verlassen oder dir sehr bewußt das und nur das auszusuchen, wovon du weißt, daß du es essen kannst.

Alles ist besser, als dich zu überessen.

Ich habe sehr viele Partys verlassen, oder ich bin erst gar nicht hingegangen, als ich abstinent wurde von süchtigem Essen, weil mir meine Genesung wichtiger war als alles andere. Wenn du nicht mit frischem Brot umgehen kannst, dann schneide dir das ab, was du heute brauchst, schneide den Rest in Scheiben, und friere sie ein, oder kaufe es erst gar nicht. Es ist egal, ob das umständlich ist oder ob andere das können. Alles ist besser, als dich zu überessen. Du kannst – im Gegensatz zu vielen anderen – nicht nüchtern und klar mit Essen umgehen, finde dich damit ab. Du kannst darüber jammern und mit dem Schicksal hadern – das ist die süchtige Variante –, oder du verhältst dich entsprechend, das gebietet schon die reine Vernunft, da brauchst du nicht einmal eine höhere Macht um Beistand zu bitten.

(Dafür kannst du vielleicht – und auch das im Gegensatz zu vielen anderen – entspannt ein Glas Wein trinken und es bei diesem einen Glas belassen, du bist ja nicht durch und durch süchtig, sondern reagierst nur auf ein bestimmtes Mittel.)

Wenn du aus der Sucht aussteigst und deine gesunden Anteile wieder das Steuer übernehmen dürfen, dann bekommst du richtiggehend Angst, wenn du in suchtauslösende Situationen gerätst. Und diese Angst ist auch angemessen, sie ist ein klares Warnsignal.

So geschah es mir einmal kurz nach Ostern. Ich hatte eine 500-Gramm-Packung Schokolade geschenkt bekommen und war schon seit ein paar Monaten abstinent vom zwanghaften Essen. Diese Schokolade lag im Schrank im Wohnzimmer, weil mein Partner durchaus damit umgehen konnte und ich kein Problem damit hatte. Ich hatte bereits die Kraft, die Schokolade liegen zu sehen – bis zu diesem Abend. Ich weiß nicht mehr genau, was passiert war, ob ich mich einsam fühlte oder ob es einen anderen Auslöser gab – meistens gibt es gar keinen, die Sucht entscheidet einfach nur, sich mal wieder zu melden. Es hat keinen Sinn, darüber nachzugrübeln, warum du dich gerade süchtig fühlst, genauso wie es dich nicht rettet, nach der Brandursache zu forschen, anstatt das Haus zu verlassen und die 112 anzurufen, wenn die Flammen schon aus den Fenstern herauslodern.

Und diese Angst ist auch angemessen, sie ist ein klares Warnsignal.

Ich war allein zu Hause, wollte mir einen Film anschauen, und auf einmal überfiel mich Panik, weil ich diese Schokolade im Haus hatte. Ich spürte mit einemmal wieder den vollen Sog der Sucht. Ich wußte, ich würde nicht widerstehen können, und zitterte plötzlich vor Angst. Nie wieder wollte ich in diese alten, süchtigen Schleifen hineingeraten, mich nie wieder schuldig, dick und ausgeliefert fühlen! Ich haderte für ein paar Momente mit meinem Leben, fühlte mich als Opfer – warum hatte ich diese Schokolade überhaupt geschenkt bekommen, meine Familie WUSSTE doch, daß ich abstinent vom zwanghaften Essen werden wollte, nahmen sie mich etwa nicht ernst? Das süchtige Denken setzte also bereits ein, ich stand schon mit einem Fuß in der Schleife. Denn es ist natürlich vollkommen egal, wer mir diese Schokolade geschenkt hat, ich hätte sie schließlich nicht anzunehmen brauchen, oder? Ich hätte sie gleich weiterverschenken können, meine Patienten in der Praxis hätten sich sehr gefreut! Wer bitte ist also dafür verantwortlich, daß sie sich in meiner Wohnung befindet?

Wenn du um Hilfe bittest, dann nimm sie auch an.

Gerade noch rechtzeitig wandte ich eines der Werkzeuge an, die ich in der 12-Schritte-Gruppe an die Hand bekommen hatte – ich griff zum Telefon. Ich rief eine Freundin aus der Gruppe an, erzählte ihr von meiner Panik und bekräftigte, daß ich bereit war, abstinent zu bleiben, und alles tun würde, um mich oder die Schokolade aus der Gefahrenzone zu bringen. Sie erinnerte mich daran, daß ich meine höhere Macht um Hilfe bitten durfte und konnte. Ich schickte augenblicklich ein Stoßgebet zum Himmel. Ich war offen für alles, was meine innere Stimme mir sagte, für jeden Impuls, für jeden Einfall, bei dem ich das Gefühl hatte, er würde mir helfen, diesen Abend zu überstehen. Das ist die Voraussetzung: Wenn du um Hilfe bittest, dann nimm sie auch an, und halte dich an die Anweisungen, sonst nutzen sie dir nichts.

»Leg die Schokolade in eine Schublade im Schlafzimmer«, hörte ich meine innere Stimme sagen, und das fühlte sich sehr gut an. Ich hätte sie auch in die große Mülltonne im Hof geworfen, wenn ich diesen Impuls bekommen hätte. So legte ich sie unter die Bettwäsche, das war offensichtlich weit genug weg, denn danach war ich wieder im Frieden, obwohl sie noch immer im Haus war.

Ich halte meine höhere Macht für äußerst klug. Hätte ich die Schokolade nämlich vom dritten Stock aus nach unten bringen müssen, hätte ich sie viel zu lange in der Hand gehabt und ihr wahrscheinlich nicht widerstehen können.

Spätestens im ersten Stock hätte ich davon gegessen. Was mir meine höhere Macht riet, schien zwar unlogisch, war aber genau richtig. Die Schokolade war damit aus meinem direkten Blickfeld verschwunden, und ich mußte sie nicht erst lange umhertragen. Ich habe auch schon Süßigkeiten weggeworfen, einmal sogar aus dem fahrenden Auto, weil ich an der Tankstelle nicht hatte widerstehen können und erst nach ein paar Kilometern Fahrt innerlich aufschreckte. Nein, das ist nicht erlaubt, aber es war immer noch besser, als das Zeug zu essen, denn das hätte ich sonst nicht vermeiden können. Ich bin süchtig, und ich hätte lieber die Strafe bezahlt, als wieder in die Krankheit abzurutschen.

Es ist egal, wann die nächsten abstinenten vierundzwanzig Stunden beginnen und wie lange sie dauern. In dem Moment, in dem du spürst, daß du ins Rutschen gerätst, kannst du die Notbremse ziehen und um Hilfe bitten. Das Gespräch mit der Freundin aus der Gruppe hatte fünf Minuten gedauert. Das Entscheidende war, daß ich überhaupt bemerkt habe, in welcher Gefahr ich mich befand, und die Bereitschaft hatte, sofort auszusteigen, erst gar nicht mit dem süchtigen Verhalten zu beginnen. Das ist eines der vielen Wunder, die du erlebst, wenn du bereit wirst, den Weg der Genesung zu gehen und deine höhere Macht um Hilfe zu bitten.

Ich habe auch schon Süßigkeiten weggeworfen.

Die spirituelle Hilfe, die du bekommst, wirkt unbemerkt und entzieht sich deiner bewußten Kontrolle. Das ist, als würdest du ein homöopathisches Mittel nehmen. Du weißt nur, es enthält Informationen, die du brauchst, welche das sind, erkennt ein Homöopath an der Art deiner Symptome. Die Globuli enthalten diese Informationen, du nimmst sie – und sie wirken. Du weißt vielleicht nicht, wo oder wie oder wann, aber du kannst darauf vertrauen, daß es geschieht.

Anfang und Grundlage eines vernünftigen Lebens ist das Maßhalten bei Speise und Trank.

Gaius Musonius Rufus (um 25–100 n. Chr.),
römischer stoischer Philosoph

Achter Schritt

Wir machen eine Liste aller Personen, denen wir Schaden zugefügt haben, und werden bereit, ihn bei allen wiedergutzumachen.

Was hat denn dieser Schritt mit dem Essen zu tun? fragst du sicher. Du willst keine Heilige werden, nur ein bißchen dünner und gesünder. Kannst du dir vorstellen, daß eine Sucht in der Hauptsache eine spirituelle und mentale Angelegenheit ist? Und kannst du dir vorstellen, daß es eine Art süchtiges Denken gibt, das auch dann wirken kann, wenn du abstinent bist von deinem Stoff? Alkoholiker kennen den »trockenen Rausch«: Sie trinken zwar nicht mehr, denken aber noch immer völlig verquer.

Die Welt der Süchtigen ist die Welt des Selbstmitleides, der Kontrolle, der Schuldzuweisungen, besonders aber der fortwährenden Schuld und Scham. Wir schämen uns einfach für alles, und wir glauben, wir sind für alles, besonders für die Gefühle anderer, verantwortlich. Außerdem glauben wir, uns selbst stünde nichts Gutes zu. Ab und zu verlangen wir selbstbewußt (oder selbstherrlich, wie man es nimmt ...) unsere Rechte, schießen dabei aber oft über das Ziel hinaus, weil wir gar nicht wissen, wie es ist, leicht und einfach mit sich selbst und anderen zu leben. Dann sind wir wie trotzige Kinder, die endlich einmal beachtet werden wollen, und meistens wirken wir auch so. Viele Süchtige glauben, sich mit ihrem Stoff das einzig Gute zu tun, über das sie die Kontrolle haben. Das süchtige Essen ist wie eine Oase des Kontrollverlustes – hier kann ich essen, hier bin ich frei. Die Kontrolle, mit der wir unsere Angst in Schach halten, ist so rigide und streng, daß sie keine Fehltritte zuläßt. Schuld und Scham sind der Preis, den wir für unser Fehlverhalten zahlen, also vermeiden wir es tunlichst. Deswegen brauchen wir wenigstens einen Bereich, in dem wir uns frei fühlen und die Kontrolle loslassen können. Wenn ich im stillen vor mich hin aß – das mußte nicht mal viel sein, aber auf meine Weise –, dann fühlte ich mich frei und selbstbestimmt.

Viele Süchtige glauben, sich mit ihrem Stoff das einzig Gute zu tun, über das sie die Kontrolle haben.

(Noch heute brauche ich diese Oasen des Essens, aber selten und im kleinen Rahmen: immer dann, wenn ich zu sehr funktioniert oder zuviel gearbeitet habe. Aber heute ist das Essen ein Werkzeug von vielen, um wieder mit mir in Kontakt zu kommen. Es gibt aber andere Werkzeuge, die gut funktionieren: Spazierengehen, Meditieren, Tanzengehen oder Duschen zum Beispiel. Essen erdet, es verankert mich in meinem Körper. Ich nutze diese Funktion, wenn ich zuviel für andere da war oder professioneller und präsenter sein mußte, als ich mich gerade gefühlt habe, was sich im Beruf manchmal nicht vermeiden läßt. Aber im Gegensatz zu früher bemerke ich genau, was ich tue, und ich habe in jeder Sekunde die Wahl, ich falle nicht mehr innerlich in Ohnmacht, sondern höre auf meine innere Stimme. Meine Eßanfälle dauern zwei Kekse lang, damit kann ich leben. Werden es mehr, werde ich augenblicklich wachsam.)

Süchtige stehen meistens unter extremem Druck und sind sehr abhängig von der Wertschätzung anderer Menschen.

Das Essen, das Rauchen oder was du sonst so brauchst, dient unter anderem dazu, dir in einem kleinen Bereich deines Lebens deine Selbstbestimmung zu erhalten. Wenn ich süchtig aß, redete mir keiner rein, deshalb gehört zum Ausagieren der Sucht auch, daß man allein ißt. In Gesellschaft gibt das Essen einem Süchtigen nicht die Befriedigung, die er braucht, weil er sich beobachtet fühlt. Ich habe das Essen zu meiner »entmilitarisierten« Zone gemacht; hier galten die üblichen Regeln meines Lebens nicht; hier war ich, wie ich war, und gab mir, was ich brauchte. Das Essen war mein Rückzugsort, wenn die Welt mal wieder viel zuviel von mir wollte.

Das Essen, das Rauchen oder was du sonst so brauchst, dient unter anderem dazu, dir in einem kleinen Bereich deines Lebens deine Selbstbestimmung zu erhalten.

Es gibt einen anderen, viel besseren Rückzugsort, der immer verfügbar ist, ganz einfach zu handhaben und doch schier unerreichbar: das Wort »nein«. Wenn du nein sagen kannst, bist du für immer frei, und du wirst davon nicht dick!

Aber dieses Werkzeug schien mir früher nicht zugänglich zu sein. Ich glaubte, die Schuldgefühle und die Angst würden mich umbringen. Und genau das war der Punkt: Hinter vielen Süchten steckt ein viel tiefer eingebranntes Verhalten, nämlich Beziehungssucht, Coabhängigkeit, die Sucht, gebraucht zu werden, das Helfersyndrom, das Verlangen, es anderen recht zu machen, um deren Zuneigung nicht zu verlieren, um sie nicht zu enttäuschen oder zu verletzen.

In diesem Schritt nun schauen wir uns an, in welchen Bereichen wir uns vielleicht tatsächlich geirrt haben, wo wir zu voreilig waren, wo wir vom anderen etwas verlangt haben, was er uns gar nicht geben kann, weil wir es in uns selbst finden müssen. Ganz besonders aber schauen wir uns an, auf welche Weise wir uns selbst mißbrauchen, wo wir nicht gut zu uns selbst sind, wo wir im Mangel und in der Scham steckengeblieben sind. Wir schauen uns an, auf welche Weise wir uns selbst und andere kontrollieren, wie wir uns selbst verletzen und wie wir das wiedergutmachen können. Natürlich setzen wir das Essen mit auf die Liste, denn durch das Essen fügen wir uns selbst immensen Schaden zu.

Ganz besonders aber schauen wir uns an, auf welche Weise wir uns selbst mißbrauchen.

Nimm dir die Zeit, diese Dinge aufzuschreiben, und beginne einfach irgendwo. Schreibe auf, was dir als erstes einfällt. Ich habe mich eines Abends hingesetzt und alle möglichen Leute auf diese Liste der Geschädigten gesetzt, besonders meine Eltern, meine Geschwister und meinen Partner. Ich schrieb auf, in welchen Bereichen ich das Gefühl hatte, ihnen Schaden zuzufügen (ich war schuldzuweisend, konnte sie nicht lassen, wie sie waren, etc.) – und auf einmal merkte ich, daß ich mich bereits wieder selbst anklagte. All das stimmte, es war aber nicht der Kern der Sache, sondern zeigte nur die Auswirkungen. Bitte sei wachsam beim Schreiben deiner Liste; dieses permanente Schuldgefühl ist fest im Unterbewußtsein verankert, und es braucht ein bißchen Übung, das zu durchschauen.

Ich begann noch einmal mit meiner Liste und tat das, was in der 12-Schritte-Gruppe oft empfohlen wird: Ich setzte mich selbst an die allererste Stelle. Wenn ich jemanden ernsthaft und rund um die Uhr schädigte, dann mich selbst! Alle anderen Schädigungen waren letztlich nur Folgen. Das heißt nicht, daß sie nicht wiedergutgemacht werden können und sollten, aber es hat keinen Sinn, die Ursache all dessen zu ignorieren.

Ich arbeitete zum Beispiel noch immer viel zuviel, ließ

mich von der Angst antreiben, nicht genug Geld zu verdienen, und blockierte mich damit selbst. Ich gab dem Leben keine Chance für andere Lösungen, es gab keinen Raum für Veränderungen, weil ich dazu erst mal welchen schaffen müßte. Ich fühlte mich nach wie vor oft im Mangel, tat selten, was mir wirklich Spaß machte, weil ich gar nicht auf die Idee kam, daß ich auch allein spazierengehen, ein Kino besuchen oder eine Ballonfahrt machen konnte. Ich war wütend auf meinen Partner, weil er das alles entweder nicht konnte oder nicht wollte. Aber anstatt es dann dennoch zu tun und Spaß zu haben, schimpfte ich in mich hinein und wies ihm die Schuld dafür zu, daß ich heute abend den Sonnenuntergang nicht sehen konnte, denn er ging ja nicht mit mir spazieren. Das hört sich ziemlich albern an, ist aber ein weitverbreitetes Verhalten: Wenn ich das allein machen muß, dann mache ich es eben gar nicht. Anstatt daß man sich bemüht, herauszufinden, ob man sich mit sich selbst nicht auch sehr gut fühlen kann. Ich hatte diese Vorstellungen, wie eine gute Beziehung zu sein hat, und ich fühlte mich als Versagerin, wenn ich allein ins Kino ging. Ich kam gar nicht auf die Idee, das, was ich gern machte, eben zu tun, egal ob mich jemand begleitete oder nicht! Auf der anderen Seite wollte ich oft allein sein und brauchte das auch. Es war so eine komische Mischung aus Unabhängigkeit, beinah schon innerem Rückzug, und Abhängigkeit, je nachdem, wie es mir gerade paßte.

Ich kam gar nicht auf die Idee, das, was ich gern machte, eben zu tun, egal ob mich jemand begleitete oder nicht!

Durch meinen Verzicht, dadurch, daß ich mich selbst zum Opfer machte und eben keinen Spaß hatte, wenn mein Partner mich nicht begleitete, hielt ich ihn auf eine sehr ungesunde Weise in Schach. Es war, als wäre er mir etwas schuldig, weil er so oft nein sagte. Als gäbe es ein Konto, das immer stärker belastet würde und das er irgendwann ausgleichen müßte! Er, die Welt, Gott, wer auch immer, das Leben war mir einfach etwas schuldig, weil ich es so schwer hatte. Das ist süchtiges und völlig absurdes Denken.

Ich war auch wütend auf meine Eltern. Ihretwegen lebte ich nicht in Heidelberg, denn durch ihre Scheidung mußte ich meinen Heimatort verlassen. Verrückt, oder? Ich war dreiunddreißig Jahre alt; wenn ich also nach Heidelberg ziehen wollte, konnte ich das einfach tun, oder? Aber dann hätte ich den Groll aufgeben und selbst die Verantwortung übernehmen müssen. Und so einfach machte ich es ihnen ganz sicher nicht. Sie könnten ja glauben, ich sei darüber hinweg und könne auf eigenen Füßen stehen. Wenn ich das vermeintliche Schuldkonto meiner Eltern bei mir schlösse, dachte ich, würde ich niemals bekommen, was ich als Kind so dringend gebraucht hätte, und müßte für immer mit dem Schmerz und dem Mangel leben.

Wenn du in der Sucht gefangen bist, dann übernimmst du nicht die Verantwortung für dich und dein Leben.

Falscher konnte ich gar nicht liegen. Gerade dadurch, daß ich das Schuldkonto aufrechterhielt, blieb ich im Schmerz und im Mangel gefangen und verhinderte jene echte Erfüllung, die unabhängig von meinen Eltern in mein Leben einfließen konnte. In dem Augenblick, in dem ich sie endlich aus dem Klammergriff des verletzten und trotzigen Kindes entließe, wäre ich wahrhaft frei, selbst für meine Erfüllung zu sorgen. Das wußte ich damals aber noch nicht.

Wenn du in der Sucht gefangen bist, dann übernimmst du nicht die Verantwortung für dich und dein Leben, du kontrollierst zwar alles und jeden, am meisten dich selbst, aber du fühlst dich letztlich immer als Opfer der Umstände, die du irgendwie im Griff zu behalten versuchst. Du bist sehr weit davon entfernt, frei zu sein, mit dem Fluß des Lebens zu fließen.

Stell dir vor, deine spirituelle Bewußtseinsentwicklung verliefe spiralförmig; mit jeder Umdrehung steigst du ein kleines Stückchen höher. Mit »höher« meine ich nicht »besser«, sondern bewußter, offener, feinfühliger und gleichzeitig stabiler – weil du das Spiel immer müheloser durchschaust. Du vertraust dir selbst mehr und mehr, fühlst dich mit jeder Runde sicherer getragen. Nun stell dir bitte vor, diese Spirale, die nach oben führt, stünde auf einer Art Zifferblatt. Mit jeder Umdrehung kommst du wieder an der Eins, der Drei, der Acht vorbei. Du machst immer wieder die gleichen Erfahrungen – aber jedesmal auf einer höheren Ebene. Das heißt, du durchschaust das ablaufende Programm sehr viel schneller, kannst viel schneller reagieren, brauchst nicht mehr drei Inkarnationen, um die Beziehung zu einem Menschen zu durchschauen, sondern zwei Wochen! Und wenn sie dich unglücklich macht, kannst du dich sofort von ihr befreien.

Du vertraust dir selbst mehr und mehr, fühlst dich mit jeder Runde sicherer getragen.

Irgendwann kommt es dir vor, als wiederhole sich immer und immer wieder das gleiche Muster, aber das stimmt nicht. Mit jedem Durchlauf kannst du besser bei dir bleiben, in dir ruhen und das dramatische Ausagieren deiner Gefühle unterlassen. Es sei denn, du bist durch eine Sucht gefesselt, dann drehst du Warteschleifen, bleibst immer und immer wieder in der gleichen Kurve gefangen; dann ist es, als habe deine innere Platte einen Sprung. Als Gefangene deiner Sucht kannst du dich nicht weiterentwickeln. Der nächste Schritt deiner Entwicklung ist das Aussteigen aus der Sucht, daran kommst du nicht vorbei. Wenn du um Hilfe bittest, ist es, als bätest du eine kosmische

Kraft, die Nadel des Plattenspielers ein Stück vorzusetzen, damit dein Stück endlich weiterlaufen kann.

Das Schlimmste, womit ich mir Schaden zugefügt hatte, war die andauernde unterschwellige Trauer und Melancholie, außerdem die Angst. Ich lief natürlich nicht ständig angsterfüllt durch die Gegend; im Gegenteil, ich wirkte von außen selbstsicher und wie eine Frau, die alles im Griff hatte – und so war es auch: Ich hatte alles im Griff, und ich war vollkommen abhängig davon, daß es so blieb. Diesen Griff zu lockern, die Dinge einfach geschehen lassen und meiner inneren Stimme zu folgen war schlichtweg unmöglich, denn ich hatte weder Vertrauen in meine innere Stimme noch zum Leben selbst. Ich war mir sicher, es würde mich einfach fallenlassen, denn Kontrolle und (falsch verstandene) Selbstverantwortung waren meiner Meinung nach nicht nur die Schlüssel zu einem erfolgreichen (ich sage absichtlich weder erfüllten noch glücklichen!) Leben. Außerdem hatte es lange genug gedauert, bis ich mir in mühsamer Selbsterziehung diese Disziplin und Kontrolle angeeignet hatte – ich kannte auch nichts anderes. Meine Art der Selbstverantwortung bedeutete, daß ich alles allein schaffen wollte und nicht gut Hilfe annehmen konnte. Allein die Idee, ich könnte Hilfe brauchen, ließ mich vor Angst erstarren, denn was würde ich tun, wenn diese Hilfe ausbliebe? Ich würde mir wie eine Versagerin vorkommen, wenn ich nicht mehr alles schaffen würde.

Allein die Idee, ich könnte Hilfe brauchen, ließ mich vor Angst erstarren.

Außerdem – und das ist der springende Punkt – würde ich dann meine Angst spüren müssen. Ich befürchtete, alles würde auseinanderbrechen, wenn ich die Zügel schleifen ließe. Nun, dieses Auseinanderbrechen kannte ich sehr gut. Aber heute konnte es anders sein, ich war erwachsen, und ich hatte eine gute Kraft gefunden. Ich mußte mich nach und nach dieser Angst stellen, immer ein bißchen mehr; ich mußte beginnen, mich auf Gott einzulassen. Würde er mich tragen, wenn ich die Kontrolle in seine Hände legte? Ich wußte es nicht, aber genau das mußte ich riskieren, wenn ich alles an mir selbst wiedergutmachen wollte.

Allein aber würde ich es nicht schaffen. So gehörte zu diesem Schritt, anzuerkennen, daß ich Hilfe von außen brauchte: eine gute Therapeutin, eine Heilpraktikerin, einen Heiler meines Vertrauens, mit der oder dem ich arbeiten konnte. Zu tief saßen die alten Verhaltensmuster.

Es gab natürlich auch andere Menschen, denen ich Schaden zugefügt hatte, weniger durch mein Essen als vielmehr durch mein süchtiges Denken und Fühlen. Es war mir unmöglich, andere einfach zu lassen, wie sie waren; ich brauchte ihre Aufmerksamkeit, ihre Hilferufe, ihre Bestätigung. Besonders wichtig war für mich das Gefühl, die Dinge besser im Griff zu haben als sie selbst, ich mußte mich irgendwie überlegen fühlen; das war mein Bollwerk gegen meine Angst vor dem Leben. Ich wußte auf alles eine Antwort, glaubte genau zu wissen, was ein anderer brauchte und war auf eine verdrehte Weise sehr eigensinnig. Ich war völlig verzweifelt, wenn jemand, den ich liebte, in einer schwierigen Lage war und meine Rettungsversuche nichts fruchteten.

Es war mir unmöglich, andere einfach zu lassen, wie sie waren.

Dann erfuhr ich ein scheinbar gut gehütetes Geheimnis: Nimmt ein anderer deine Hilfe nicht an, bittet er nicht darum oder hält er sich nicht an deine Ratschläge – dann bekommt er dadurch nicht das, was er wirklich braucht, und dann kannst du ihm nicht helfen, egal wie sehr du das willst und egal wie hilflos und unnütz du dich dann auch fühlen magst.

Wenn dich eine Freundin anruft und dir zum x-tenmal

von ihren Problemen erzählt, wenn du zähneknirschend zuhörst und Angst hast, sie könnte dir die Freundschaft kündigen, wenn du ihr die Wahrheit sagst, nämlich daß du keine Energie mehr für sie übrig hast, gibt es ein hervorragendes Mittel: Frage sie, was sie braucht; frage sie, was sie von dir will und was du ihrer Meinung nach für sie tun könntest. Damit gibst du ihr die Verantwortung für sich selbst zurück. Du versuchst nicht länger, ihr diese abzunehmen, sondern bringst ihr die Achtung entgegen, die sie als eigenständiger Mensch verdient. Hast du ihr schon zehnmal das gleiche gesagt und es hat nichts genutzt, dann ist es nicht das richtige für sie, ganz einfach. Nein, das heißt nicht, daß sie »noch nicht soweit« ist, sondern daß es im Moment nicht das ist, was sie braucht, und du ihre Situation nicht wirklich erfaßt hast. Das macht nichts, aber hören wir doch bitte auf, so zu tun, als seien wir schlauer als das höhere Selbst des anderen.

Wir kennen nicht den Seelenplan des anderen; wir wissen nicht, was sich der andere auf seelischer Ebene zu lernen vorgenommen hat; wir wissen nicht, ob er Karma abzuarbeiten hat oder welchen Sinn seine Situation auf anderer Ebene haben mag. Daß sie einen Sinn hat, steht außer Frage, auch wenn wir ihn nicht erkennen können. Der andere selbst, seine Seele, weiß, was sie tut. Sag deiner Freundin, daß du nur das wiederholen kannst, was du schon ein paarmal gesagt hast, und daß dir auch nichts weiter einfällt. So stimmt es für dich.

Wir kennen nicht den Seelenplan des anderen.

Es gibt eine Instanz, die immer und unter allen Umständen weiß, was wir brauchen, und das ist unser höheres Selbst, die göttliche Kraft, unsere höhere Macht, wie auch immer wir sie bezeichnen, die wir im zweiten Schritt für uns finden. Braucht jemand Hilfe und du weißt nicht, auf welche Weise du für ihn dasein kannst, dann erinnere ihn an eine höhere Kraft, die weiß, was sie tut, und rate ihm, diese um Hilfe zu bitten – mehr kannst und brauchst du nicht zu tun. Damit gibst du dem anderen ein wertvolles Werkzeug in die Hand; ob er es nutzt oder nicht, liegt nicht in deiner Verantwortung.

Das Schuldgefühl, das aufkommt, wenn wir uns nicht mehr für andere aufopfern, ist der Suchtdruck der Coabhängigkeit. Damit will dein System sicherstellen, daß du dich doch wieder um andere kümmerst, um den ungesunden Energiefluß zwischen dir und der Sucht aufrechtzuerhalten. Die Leere, in die man fallen kann, wenn man aufhört, sich süchtig um andere zu kümmern, ist erstaunlich groß. Aber genau daran erkennst du, wie abhängig du von ihnen warst! Meistens glauben wir, die anderen bräuchten uns so sehr und wir könnten und dürften sie nicht hängenlassen. Das Gegenteil ist der Fall. Wir brauchen es, uns um andere kümmern zu können, denn das ist die Währung, mit der wir für Liebe, Zuneigung, das Gefühl, anerkannt und wichtig zu sein, zahlen.

Und nun noch ein offenes Geheimnis: Liebe kann man nicht kaufen. Diese Aussage ist viel grundsätzlicher, als sie wirkt, weil sie so oft genutzt wird. »Liebe kann man nicht kaufen« bedeutet: Für Liebe gibt es keinen Gegenwert, egal was du auch anschleppst. Was immer du bekommst, wenn du dich um jemanden bemühst, es ist nicht Liebe. Liebe ist ein Geschenk; Liebe kann nicht erzeugt werden; Liebe ist eine Energie, die kommt, wie sie will, die man nicht herbeizwingen kann, nicht eintauschen, nicht erschmeicheln, auch nicht verhindern. Das, was du wirklich vom anderen willst, bekommst du einfach so, weil es im anderen für dich da ist – oder gar nicht.

Liebe kann man nicht kaufen.

Wenn du aufschreibst, auf welche Weise du dich und andere schädigst, und bereit wirst, zu tun, was nötig ist, es wiedergutzumachen, verstummen auch endlich die Schuldgefühle, diese nagenden Schatten im Hintergrund deines Bewußtseins. Bist du bereit, vor deiner Haustür zu kehren, deine Themen wirklich anzugehen und das zu tun, was schon so lange ansteht, dann fühlst du dich wertvoll und klar. Auch die Steuererklärung, die du endlich abgeben solltest, gehört auf deine Liste; denn wenn du sie dauernd vor dir herschiebst, schädigst du dich und deine Nerven. Es gibt in den 12-Schritte-Gruppen folgendes Motto: das Wichtigste zuerst, »first things first«. Als Süchtiger ist man meistens so überfordert von den Ansprüchen der Welt, daß man nicht weiß, wo man überhaupt anfangen soll, etwas zu verändern. Deshalb noch einmal die beiden Mottos, mit denen wir in den Zwölf-Schritte-Gruppen arbeiten:

Egal was passiert, überiß dich nicht.

»Das Wichtigste zuerst«, und zwar »nur für heute«.

»Das Wichtigste zuerst« bedeutet in unserem Fall: Egal was passiert, überiß dich nicht. Essen fügt deinem Problem, deinem Unwohlsein, immer nur noch ein weiteres unangenehmes Gefühl hinzu, und zwar in der Sekunde, in der du zu essen aufhörst. Bitte um die Bereitschaft, das Essen zu lassen, und kümmere dich um das, was ansteht. »Nur für heute« kannst du nach bestem Wissen und Gewissen handeln, für heute kannst du abstinent essen, und für heute kannst du das tun, was du schon so lange vor dir herschiebst. Heute kannst du einen kleinen Schritt gehen, heute kannst du alles tun, womit du dich gut fühlst, und alles lassen, wobei du spürst, daß es dich in die Suchtschleife zurücktreibt.

Es kann sein, daß du keine Lust hast, zu tun, was ansteht. Doch Unangenehmes vor sich herzuschieben ist kindliches Trotzverhalten. Das können wir nicht gebrauchen. Um diesen Schritt zu gehen, brauchst du Klarheit und innere Aufrichtigkeit, das Lustprinzip zählt hier nicht, denn es ist genau dieses Lustprinzip, das dich in die Sucht führt.

Es geht jetzt um etwas viel Besseres als um das kurze Befriedigen eines aufflackernden Bedürfnisses, nämlich um echte, stabile, dauerhafte Veränderungen, die dich selbstbewußt auf die gesunde, nichtsüchtige Seite des Lebens gehen läßt. Klar hast du Lust auf einen Happen zwischendurch. Aber wie hoch ist der Preis? Schuldgefühle, das Gefühl, versagt zu haben, Selbsthaß, die Angst, daß du dir nicht vertrauen kannst – was ja auch stimmt, weil du schon wieder gegen besseres Wissen gehandelt hast ... – und nicht zuletzt die Pfunde, die du dir damit nach und nach einhandelst.

Du weißt selbst, wie hoch der Preis für diese kurze Befriedigung ist. Es ist keine Freiheit, den Happen zu essen; echte Freiheit bedeutet, ihn genausogut liegenlassen zu können. Ein kleines Kind würde zugreifen und sich nicht um die Folgen scheren. Wir sind aber keine Kinder, und ein solches Verhalten dient uns auch nicht, denn dieses Verhalten ist es ja gerade, was uns überhaupt in die süchtige Lage gebracht hat. Hier brauchen wir die Kraft des inneren Meisters, der Meisterin, der Hohepriesterin, die dem Leben in Klarheit und Freiheit dienen.

Du weißt selbst, wie hoch der Preis für diese kurze Befriedigung ist.

Betrüge dich bitte nicht selbst, indem du sagst: Ach, ich brauch diesen Keks ja gar nicht wirklich, also KANN ich ihn ja essen. Nein, das kannst du nicht. Wenn du ihn wirklich nicht brauchst, iß ihn bitte auch nicht. Und wenn du ihn brauchst, schon gar nicht.

Nutze jede Gelegenheit, um Hilfe zu bitten und abstinent zu sein vom zwanghaften Essen. Die Gewohnheit ist sehr stark, und du wirst wahrscheinlich noch oft genug in Situationen geraten, in denen du handlungsunfähig und dem zwanghaften Essen hilflos ausgeliefert bist. Je standfester du dann bereits in der Abstinenz lebst, desto bereitwilliger wirst du um Hilfe bitten und auf diese Weise wieder aussteigen können. Stärke dein Energiefeld, deinen Willen und deine Verbindung zu deiner höheren Macht, wann immer es dir möglich ist. Es gibt wahrscheinlich Zeiten, in denen du auch den letzten Rest deiner Bereitschaft zur Genesung brauchen wirst.

Auf deine neue Liste gehört auch alles, was du schon im vierten Schritt aufgeführt hast; außerdem jedesmal, wenn du neidisch warst, wenn du andere übervorteilt hast, wenn du die Verantwortung für eine Situation von dir geschoben hast. Ebenso Rechthaberei, immer das letzte Wort haben müssen, Überheblichkeit (auch die, die du nicht zeigst) – du weißt selbst am besten, wo du dich und andere schädigst. Je bereitwilliger du dazu stehst und die Verantwortung dafür übernimmst, desto leichter kannst du genesen, weil dein Selbstwertgefühl immer besser wird. Willst du dich wertvoll fühlen und Selbstvertrauen aufbauen, dann verhalte dich entsprechend! Du wirst dich wertvoll fühlen, wenn du dich wie ein wertvoller Mensch verhältst, nicht, indem du noch eine Affirmation draufsetzt. Du wirst dir selbst vertrauen lernen, wenn du spürst, daß du dich dir und anderen gegenüber vertrauenswürdig verhältst, und nicht indem du dich vor den Spiegel stellst und sagst: »Ich vertraue mir selbst.«

Du wirst dich wertvoll fühlen, wenn du dich wie ein wertvoller Mensch verhältst.

Das kann helfen, aber wenn es nicht stimmt, dann stimmt es nicht. Dein Unterbewußtsein ist absolut unparteiisch, es läßt sich nicht an der Nase herumführen. Du kannst deinen Verstand einlullen und dein Bewußtsein beeinflussen, aber nicht dein unbestechliches Unterbewußtsein. Wenn du dich nicht an das hältst, was deine innere Stimme, dein gesunder Menschenverstand oder deine höhere Macht dir sagen, dann bist du nicht vertrauenswürdig, und tief in dir weißt du es. Du spürst, ob du dich auf dich verlassen kannst oder nicht, und es wird Zeit, dich so zu verhalten, daß es möglich ist. Alle Gründe, derentwegen du dich schlecht fühlen und mit Selbstvorwürfen quälen könntest, müssen wir aus dem Weg räumen. Je klarer du mit dir selbst und anderen bist, desto weniger Raum hat deine Sucht in deinem Energiesystem, und desto bereitwilliger kannst du das zwanghafte Essen unterlassen.

Je klarer du mit dir selbst und anderen bist, desto weniger Raum hat deine Sucht in deinem Energiesystem.

Der Baum der Enthaltsamkeit hat die Genügsamkeit zur Wurzel und die Zufriedenheit zur Frucht.

Denis Diderot (1713–1784),
französischer Philosoph der Aufklärung

Neunter Schritt

Wir machen bei den Menschen, die wir geschädigt haben, alles wieder gut, wo immer es möglich ist – es sei denn, wir würden dadurch sie oder andere verletzen.

Die erste Regel beim Wiedergutmachen lautet: Höre sofort damit auf, weiteren Schaden anzurichten. Spätestens jetzt ist es an der Zeit, darüber nachzudenken, ob du beginnen willst, abstinent zu werden vom zwanghaften Essen. Bitte immer wieder um die Kraft, dem Willen deiner höheren Macht zu folgen. Keine höhere Macht hat jemals im Sinn, daß du dich überißt. Wenn du um Bereitschaft bittest, mit deinem Verhalten aufzuhören, dann kommt sie auch eines Tages. Verstehst du? Es geht um eine Energie, die neu in dein System strömt; dein Wille hat hier keine Wirkung. Wenn du alles wiedergutmachen willst, sei es bei dir oder bei anderen, höre zunächst mit dem schädlichen Verhalten auf. Schädlich wäre es übrigens auch, beim Wiedergutmachen in das alte Drama zu fallen. Erwarte bitte nicht vom anderen, daß er dir um den Hals fällt, wenn du ihn um Vergebung für etwas bittest, was nicht in Ordnung war. Es geht für uns darum, hinter uns aufzuräumen, nicht um Absolution.

Es kann sehr hilfreich sein, dir einmal anzuschauen, was

du so ißt. Wenn du aufhören willst, süchtig zu essen, ist es gut, deine Suchtmittel zu kennen, damit du sie von nun an meiden kannst. Die Liste mit diesen Dingen zu schreiben war eine der schwersten Aufgaben, die ich je für mich selbst getan habe. Wenn du deine Liste schreibst, dann kannst du dich nicht mehr selbst betrügen; und genau davon wird deine Sucht wahrscheinlich versuchen, dich abzuhalten. Sie macht das sehr geschickt: Du hast keine Lust, diese Dinge zu notieren; wirst müde und aggressiv, wenn du daran denkst; du glaubst, du brauchst es nicht; oder du langweilst dich bei dem Gedanken an die Liste. Ganz nach dem Motto: Das ist der neunte Schritt, wie viele Listen soll ich denn noch schreiben? Ganz einfach: So viele, wie nötig sind, um dich vom zwanghaften Essen fernzuhalten. Also, höre mit den Ausflüchten auf, und erinnere dich bitte daran, wie es sich anfühlt, unglücklich und dick vor dem Kleiderschrank zu stehen. Es gibt etwas so viel Besseres.

Also, hör mit den Ausflüchten auf.

Setze dich also bitte hin, und schreibe genau jetzt mindestens sieben Nahrungsmittel (oder was wir so »Nahrungsmittel« nennen) auf, die dich unweigerlich in die Sucht treiben. Zucker, frisches Brot, Nüsse und Knabberzeug sind die üblichen, aber du hast bestimmt deine speziellen Vorlieben. All das, was auf deiner Liste steht, kannst du von nun an nicht mehr essen. Bitte kaufe es nicht mehr, und lasse es auch bei Partys liegen. Ja, das klingt hart, ich weiß. Das ist es auch. Aber du sagst ja auch einem Heroinsüchtigen nicht, daß er ruhig ab und zu mal drücken darf, wenn er gut drauf ist, oder? Nein, da gibt es keinen Unterschied. Daß eine Stimme in dir überhaupt anfängt zu diskutieren, zeigt, daß deine Sucht ihr Haupt erhebt und ihr Revier, nämlich dich, verteidigt. Du weißt es aber jetzt besser. Wenn sie das tut, bitte sofort um die Bereitschaft, abstinent von süchtigem Verhalten zu sein. Immer wieder und immer dann, wenn dir die Sucht einreden will, sie sei doch nur ein kleines Hündchen, das du gut handhaben kannst. Sie ist nichts weniger als das, und das weißt du auch. Deine Sucht kann dein Leben zerstören, und sie hat bereits ganze Arbeit geleistet, nicht wahr?

Du kannst deine Sucht natürlich, wenn du das willst, als eine Freundin betrachten, die dich warnt, wenn du dabei bist, dich zu überfordern, die dich dann zum Essen treibt, wenn du besser auf dich aufpassen solltest. So haben wir sie uns schließlich lange Zeit schöngeredet. Aber so ganz stimmt das nicht. Sie kann auch sehr hinterrücks und gemein zuschlagen, einfach so, aus heiterem Himmel heraus. Die Sucht steht im Tarot nicht umsonst mit dem Teufel in Verbindung.

Meine Sucht bekommt unter anderem immer dann Auftrieb, wenn ich mich mit Selbstzweifeln herumschlage. Ich schreibe Bücher, Selbstzweifel sind bei jedem Satz mit im Paket. Wie oft drängt es mich, schnell eine Kleinigkeit zwischendurch zu essen, wenn ich im Text steckenbleibe, wenn ich nicht weiß, ob ich das alles nicht schon zehnmal geschrieben habe, wenn ich nicht weiß, ob es dich, den Leser, überhaupt interessiert.

Die Sucht steht im Tarot nicht umsonst mit dem Teufel in Verbindung.

Ich merke genau, daß mein System, sobald mir eine Aufgabe zu groß erscheint, ich mich vor etwas drücken will, Angst habe, zu versagen, mich davon ablenken will und mich ans Essen denken läßt. Das ist das kleine Kind, das Angst hat, bloßgestellt zu werden; es will die ihm gestellte Aufgabe nicht erfüllen, weil es zu oft beschämt wurde. Es ist sehr hilfreich, das zu wissen. Ich schicke mein kleines inneres Kind in einem solchen Fall spielen und sage ihm, daß es nichts damit zu tun hat. Ich, die Erwachsene, stelle mich den Aufgaben, und es wird weder gescholten, wenn ich versage, noch wird es mit Liebesentzug bestraft. Und natürlich esse ich nichts, jedenfalls meistens nicht. Wenn du diesen Mechanismus nicht durchschaust, hast du plötzlich ein paar Kekse in dich hineingestopft und weißt in dem Augenblick, in dem du wieder zu dir kommst, gar nicht, was passiert ist.

Daß ich so klar sehe, wer in mir in Not ist und wem die Sucht gerade zu Diensten steht, nämlich dem inneren Kind, liegt daran, daß ich nicht esse. Ebendadurch kann ich spüren, was in mir geschieht. Äße ich das, was die Sucht mir vorschlägt, um die Angst meines inneren Kindes zu mildern, wäre der Moment der Klarheit verstrichen, ich hätte einen wichtigen Einblick in mich selbst verpaßt. Wenn du den Ursachen für deine Sucht auf die Spur kommen willst, dann iß nicht; werde abstinent, denn dann spürst du sie. Natürlich war die Sucht einst eine gute Kraft im System, sie wollte dich schließlich schützen. Aber heute dient sie dir nicht mehr, ja sie verhindert, daß du wirklich lebst.

Der neunte Schritt verbindet deine Zukunft mit deiner Gegenwart.

Der neunte Schritt verbindet deine Zukunft mit deiner Gegenwart, holt dich endlich aus der Warteschleife. Wie oft hast du gesagt: Wenn ich erst abgenommen habe, wenn ich erst dies oder jenes erreicht, losgelassen oder verstanden habe, dann werde ich endlich glücklich sein? Nun, heute ist der Tag, an dem sich die Kreise schließen, heute kannst du beginnen, das zu tun, was du schon so lange auf eine unbestimmte Zukunft verschiebst. Jeder Satz, der mit »ich sollte eigentlich« beginnt, bekommt Raum und wird überprüft. Entweder solltest du wirklich das Fragliche tun, dann gehört es auf die Liste des achten Schrittes und wird im neunten, also jetzt, erledigt, oder du solltest nicht, dann streiche es bitte endgültig aus deinem Leben.

Wenn du beginnst, alles wiedergutzumachen, dann schließt du die Kreise in deinem Leben, besonders jene, die in dir selbst offen sind. Sobald du abstinent wirst vom zwanghaften Essen, fängst du an, deine Gefühle zu spüren. Nicht die, die du deiner Meinung nach spüren solltest, sondern die, die tatsächlich da sind. Du beginnst, am Leben teilzunehmen, steigst aus dem Disneyfilm aus, den du dir vorgegaukelt und für den du dich jeden Tag in Form gepreßt hast, und schaust dir die Dinge an, wie sie sind.

Du hast nicht nur Vorzeigegefühle.

Hast du schon einmal eine Geburt gesehen oder bewußt selbst erlebt? Sie ist blutig, schmerzhaft. Als Mutter wirst du vielleicht aufgeschnitten, als Baby bist du völlig verschmiert und schreist dir die Seele aus dem Leib hinaus oder in den Leib hinein, wie man es nimmt. Es ist unglaublich brutal, und zugleich ist es das Schönste, was einem überhaupt passieren kann, der glücklichste Moment eines Lebens, der erhebendste, wundersamste und unfaßbarste Augenblick, den das Leben zu bieten hat.

Und genau so ist das Leben. Es ist nicht sauber und ordentlich. Du hast nicht nur Vorzeigegefühle, und wenn du weinst, dann hängen nicht zwei entzückende Tränen an deinen zentimeterlangen Wimpern, die »sanfte Schatten auf deine hohen Wangenknochen werfen«. Wenn du dich und deine Gefühle mit dem Essen dämpfst, unterdrückst, in Schach hältst und dich damit zumutbar für andere machst, hat das nichts mit dem Leben zu tun. Deshalb spürst du das Leben auch nicht wirklich. Es ist immer ein bißchen, als lebtest du an dir selbst vorbei, nicht wahr?

Damit ist jetzt Schluß. Wir hören auf, uns zu überessen. Wir entschuldigen uns bei den anderen und stehen zu uns und unseren Verfehlungen. Wir machen alles wieder gut, wenn das möglich ist. Und wir finden eine stabile Möglichkeit, mit Essen umzugehen. Mach dir einen Ernährungsplan, wenn dir das hilft, drei Mahlzeiten am Tag und nichts dazwischen – oder alles andere, was sich für dich gesund und stabil anfühlt.

Bitte sei dabei sehr wachsam und offen für die leise Stimme deiner höheren Macht, denn deine Sucht macht natürlich zu gern ihre eigenen Pläne. Frage deinen gesunden Menschenverstand, ob dein Plan angemessen ist. Du weißt genau, was gesund ist und was nicht. Es geht dabei nicht um Diät, sondern finde eine Art zu essen, die du von nun an (nur für heute) gut durchhalten kannst. Führe bitte keine Hauruckaktionen mehr durch, sie unterstützen nur den Teufelskreis der Sucht!

Finde heraus, wann du satt bist. Angenehm satt, meine ich, nicht randvoll. Dann merke dir, wieviel noch auf dem Teller liegt. (Die Menge, die für mich angemessen und gesund ist, liegt etwa bei zwei Dritteln dessen, was ich gern essen würde und was ich zu brauchen glaube. Es ist für mich sehr hilfreich, daß ich das weiß, denn nun kann ich nach zwei Dritteln aufhören oder mir entsprechend weniger nehmen.) Wenn du dir das nächste Mal eine Mahlzeit zubereitest, nimm dir weniger, und wenn du das nicht kannst, was ich sehr gut verstehen kann, dann bitte um die Bereitschaft, nicht alles aufzuessen. Bitte immer wieder deine höhere Macht um Hilfe und um Unterstützung, dann können deine Selbstheilungskräfte eingreifen.

Finde heraus, wann du satt bist.

Wir bitten um Kraft, und wir erlauben uns, zu sein, wie wir sind. Das ist harte Arbeit, denn sicher wirst du viel in dir entdecken, was du lange zur Seite geschoben hast. Doch du wirst auch eine ganz neue Art der Freude und Lebendigkeit erfahren, und das ist es allemal wert!

Der zweite Teil der Aufgabe dieses Schrittes lautet: » … es sei denn, wir würden sie oder andere (auch uns selbst!)

dadurch verletzen.« Du wirst dich nicht bei jemandem entschuldigen oder »etwas wiedergutmachen«, wenn du noch zu sehr verletzt bist, wenn es alte Wunden aufreißt oder wenn du süchtig nach ihm bist. Sonst öffnest du der nächsten Verletzung Tür und Tor. Ebensowenig wirst du deiner Mutter großmütig und öffentlich vergeben, weil sie nicht auf die Weise für dich da war, wie du es gebraucht hättest, wenn du sie dadurch mit etwas konfrontierst, woran sie nichts ändern kann, weil sie selbst nie wirklich geliebt wurde. Du wirst ihr bitte im stillen vergeben und ganz für dich mit den ewigen Schuldzuweisungen aufhören, o.k.? Falls sich ein Gespräch ergibt, wunderbar, aber bitte räche dich nicht an ihr, indem du sie bloßstellst. Spüre lieber die Wut, und mache beispielsweise eine Familienaufstellung. Du kannst ihr sogar mitteilen, daß du wütend bist, aber achtsam und nur, wenn du eine innere Anweisung dazu bekommst.

Wir wollen mehr Liebe in die Welt bringen.

Es geht schließlich darum, unsere Verfehlungen an anderen wiedergutzumachen; wir fordern nicht Genugtuung. Wir wollen mehr Liebe in die Welt bringen, damit wir selbst in einem stabilen Energiefeld von Liebe leben können, und wir aufhören, weiter um uns zu schlagen. Alte Verletzungen, die uns zugefügt worden sind und die wir an uns selbst wiedergutmachen wollen, können wir uns anschauen, und wir können die damit verbundenen Schmerzen fühlen. Dann holen wir unser inneres Kind aus der Gefahrenzone, erkennen die Botschaften dahinter und üben uns im Vergeben. Wenn wir die Kreise schließen, sollten wir das achtsam und voller Liebe tun. Wir schlagen keine neuen Wunden. Tust du das, bleibst du im Drama gefangen. Denn wem dienen letztlich dramatische Vergebungs- und Wiedergutmachungsaktionen? Niemandem.

Gerade weil sich viele von uns so sehr in Scham und Schuld gefangen fühlen, trompeten wir manchmal viel zu laut durch die Welt. Ich weiß was, ich weiß was … Ja, ist gut. Freue dich darüber, teile es denen mit, die es hören wollen, und bleibe bei dir. Es ist eine riesige Herausforderung für das Ego, einmal nicht um Aufmerksamkeit zu betteln oder sie gar einzufordern, sondern den Schmerz darüber, nicht beachtet zu werden, wahrzunehmen. Aber auch das gehört dazu. Spiele dich weder in den Vordergrund, noch ziehe dich beleidigt zurück. Sei ganz und gar bei dir, folge deiner Lebendigkeit. Vielleicht wirkst du dann immer noch recht laut und sehr präsent (oder ruhig und zurückgezogen), aber es ist ein Unterschied, ob dich echte Begeisterung trägt, denn die steckt an, oder ob du dich wichtig machst und es einfach nicht aushalten kannst, nicht recht zu haben, nicht alle zum Lachen zu bringen oder die zweite Geige zu spielen. Genauso ist es natürlich umgekehrt: Hast du Angst davor, auch einmal etwas zu sagen, dann lerne, dich zu zeigen. Traue dich, eventuell dumm dazustehen, wenn du etwas sagst. Zeige dich, und mache mit! In den 12-Schritte-Gruppen kannst du lernen, zu reden oder auch nicht zu reden, je nachdem, was für dich die schwierigere Übung ist.

Sei ganz und gar bei dir, folge deiner Lebendigkeit.

Woran erkennst du, ob du im Sinne des neunten Schrittes handelst? Du achtest auf deine inneren Impulse und bist ganz ehrlich zu dir selbst; vor allem aber bittest du immer wieder um Führung. Es gibt diese drängenden inneren Impulse, die sich aufregend, spannend und dennoch sehr klar anfühlen. Das ist deine Hotline zu Gott, so führt er dich. Du weißt einfach, wann dein Einsatz kommt. Dann bittest du um die Bereitschaft, mutig deinen nächsten Schritt zu wagen.

Wenn du etwas wiedergutmachen willst, dann bitte die

höhere Kraft darum, dir entweder eine gute Gelegenheit zu verschaffen oder dir den Weg zu zeigen, den du gehen sollst. Du wirst es wissen, wenn der Moment gekommen ist, Abbitte zu leisten; du wirst es wissen, wenn dein Ego schweigt und du einen echten, klaren Impuls erhältst. Es hilft sehr, dann nicht gerade mit vollem Magen in der Ecke zu sitzen.

Du wirst es wissen, wenn der Moment gekommen ist, Abbitte zu leisten.

Wenn du dich überißt, kommen die Impulse nicht an, sie sind gedämpft, du spürst sie nicht und kannst nicht entsprechend handeln. So verpaßt du die entscheidenden Zeitfenster, die Gelegenheiten des Lebens. Außerdem sind deine eigenen Signale nicht klar. Wenn du dir vorstellst, daß das Leben dein Energiefeld scannt, daß du in Resonanz mit dem gehst, was du aussendest, ist es, als verzerre das Essen oder jede andere Sucht deinen Sender. Du kannst nicht in Resonanz mit anderen klaren Energiefeldern gehen, weil diese dich gar nicht wahrnehmen.

Stelle dir einmal vor, deine Herzenswünsche und deine tiefen Sehnsüchte wären der Wegweiser zu deinem Seelenplan. So absurd ist das nicht, denn wenn du dir deine Herzenswünsche genau anschaust, siehst du, daß sie gar nicht so abwegig sind, oder? Wieso sollten sie nicht die Landkarte sein, die dir Gott ins Herz gelegt hat, um dich zu führen? Deine Sehnsüchte und Herzenswünsche zuzulassen und ihnen zu folgen wäre in diesem Fall eine gute Idee, nicht wahr?

Wenn du aber zuviel gegessen hast, spürst du sie gar nicht und kannst ihnen nicht folgen. Dann hast du deinen eigenen inneren Leuchtturm ausgeschaltet, sein Licht abgedeckt – weil es so blendet und so weh tut, solange dein Leben nicht erfüllt ist. Du fühlst dich allein auf rauher See – aber das muß nicht sein. Erlaube dir, dich zu fühlen, dann hast du augenblicklich wieder eine Ausrichtung. (Nein, das ist nicht leicht, das sage ich auch nicht ... Aber es stimmt dennoch, und das weißt du auch, oder?)

Erkenne, welche Beziehungen nicht mehr zu dir passen, und lasse sie los. Auch das gehört zur Wiedergutmachung. Gibst du sie nicht auf, schadest du nicht nur dir selbst, sondern auch den anderen. Denn du verwehrst beiden Seiten die Chance auf wahre Liebe oder echte Freundschaft. Wenn deine Arbeit nicht mehr zu dir paßt, dann gehört zur Wiedergutmachung sicher auch, dir etwas anderes zu suchen – wenn du dich damit nicht selbst schädigst. Allerdings hat Angst zu bekommen noch nichts mit Sich-selbst-Schädigen zu tun. Ganz im Gegenteil: Um die Angst, die entsteht, wenn du losläßt, kommst du sowieso nicht herum.

Spürst du jedoch, du würdest noch süchtiger werden, wenn du deine Arbeit aufgäbest und dich für etwas Neues öffnetest, weil du in einen Schock fielest, dann ist der richtige Zeitpunkt noch nicht da. Bitte in diesem Fall um eine langsame und sanfte Veränderung hin zum Guten. Bitte um Kraft, und bitte besonders darum, geführt zu werden. Bekräftige deine Bereitschaft, alles schädigende, auch das dich selbst schädigende, Verhalten zu lassen, und bitte darum, daß sich alles zum Besseren wendet.

Erkenne, welche Beziehungen nicht mehr zu dir passen.

Sieh, wie dein Leben sich entfaltet! Wenn dir nun gekündigt wird oder du in eine andere Abteilung versetzt wirst, fühle dich bitte nicht als Opfer. Erkenne die Kündigung oder Versetzung als Antwort auf deine Bitte nach Veränderung, und öffne dich für etwas Neues, beispielsweise mehr Zeit für dich oder für den Weg, den Gott für dich vorgesehen hat.

Bitte nimm Unterstützung in- und außerhalb der 12-Schritte-Gruppe an. Eine Sucht ist unter anderem eine Isolationskrankheit, und es ist wesentlich, daß du dich öffnest. Ob du einen Therapeuten aufsuchst, in die Kirche gehst, Familienaufstellungen nutzt, dich an einen Heilpraktiker wendest oder einen Yoga-Kurs besuchst, spielt keine Rolle. Tu, was sich richtig anfühlt und was dir innere Klarheit verschafft.

Familienaufstellungen sind meiner Ansicht nach sehr gut geeignet, Vergebung zu ermöglichen und alte Beziehungsmuster zu erlösen, deshalb empfehle ich sie dir sehr. (Wenn du etwas Besseres kennst, dann nutze natürlich das.) Du kannst dir in einer Aufstellung übrigens auch anschauen, wozu dir das Fett dient und welche Rolle die Sucht für dich spielt. Auch das kann sehr unterstützend sein – aber Vorsicht: Es erlöst dich nicht vom Essen selbst. Das ist ein eigenes Thema, doch das hast du unterdessen sicher verstanden.

Tu, was sich richtig anfühlt.

Dieser neunte Schritt dient dazu, dein Energiefeld zu klären, zu reinigen und zu stärken. Zu diesem Zweck kannst du Meditationen genauso nutzen wie Vergebungsarbeit oder magische und schamanische Rituale, mit denen du alte Verbindungen löst. Es kann außerdem sehr hilfreich sein, Briefe zu schreiben – du brauchst sie ja nicht abzuschicken. Alles, was dir dazu dient, in deinem Leben aufzuräumen und dir Klarheit zu verschaffen, entzieht der Sucht die Kraft und den energetischen Raum. Wenn es dir Freude bereitet, dann beschäftige dich ein bißchen mit Feng Shui, der Lehre von Wind und Wasser, und verschenke oder wirf weg, was die Kanäle verstopft und die Energie am Fließen hindert. Und, wenn du schon dabei bist, räume auch gleich deinen Keller auf – ganz bewußt symbolisch für dein Unterbewußtsein ... Aber vergiß nicht, das alles sind lediglich Werkzeuge. Sie befreien dich nicht automatisch vom Essen, sondern dienen deiner Klarheit und öffnen den Weg zu deiner höheren Macht, der Kraft, die dich genesen läßt.

Die Definition der Bewußtheit ist kurz gefaßt folgende: die ständige Prüfung sämtlicher körperlichen und geistigen Zustände.

Shantideva (7./8. Jh. n. Chr.),
wirkte als Meister an der Klosteruniversität Nalanda

Zehnter Schritt

Wir setzen die Inventur bei uns fort, und wenn wir unrecht haben, geben wir es sofort zu.

Jede Sucht erfüllt auf mehr oder weniger verdrehte Weise die grundsätzlichen Bedürfnisse deines inneren Kindes nach Geborgenheit, Sicherheit, Stabilität und Zuwendung. Die Sucht selbst bietet einen gewohnten, fest umgrenzten Rahmen, in dem du dich auskennst, dich sicher und geschützt fühlst, auch wenn du dir damit auf lange Sicht schadest. Gerade weil die Sucht ein grundsätzliches Bedürfnis erfüllt, ist es so wichtig, daß du etwas Besseres findest, etwas, was dich wirklich trägt. Gerade deshalb ist es wichtig, daß du lernst, zu unterscheiden, ob das verletzte innere Kind aus dir spricht oder die vernünftige Erwachsene. Genauso wie verantwortungsbewußte Eltern ihre Kinder nicht einfach machen lassen, was sie wollen, sondern durchaus auch streng durchgreifen, wenn das Kind gegen seine eigenen Interessen handelt, müssen wir lernen, mit unserem verletzten inneren Kind und seiner dunklen Seite umzugehen.

Wenn du dich in einer schwierigen Situation befindest, überfordert bist und verzweifelt, so daß Suchtdruck entsteht, bete und bitte um Hilfe. Suche in dir das verletzte Kind, und führe es in den Zaubergarten (siehe Meditation

»Die Heimat des inneren Kindes« in Schritt sechs). Nimm es in die Arme, tröste es, sei die Erwachsene, die Mutter, der Vater, die das Kind schon immer gebraucht hat. Wenn du dich an schmerzhafte, angstbesetzte und beschämende Situationen erinnerst, nach und nach die Verletzungen des inneren Kindes zulassen und erkennen kannst, lasse es nicht in der Situation stehen, sondern gehe als Erwachsener hinein und schütze es, hole es heraus, nimm es in die Arme und weise den, der dein Kind verletzt, zurecht. Als Erwachsener kannst du das.

Stelle dir die Situation noch einmal vor, spüre die Gefühle des inneren Kindes – und jetzt gehst du hinein und rückst die Dinge zurecht. Wenn du dich daran erinnerst, als Baby immer allein gelassen worden zu sein, dann sieh dich im Bettchen liegen und schreien – und gehe als Erwachsener in das Zimmer, nimm das Baby auf den Arm, gib ihm, was es braucht, und versprich ihm, es von nun an nie wieder allein zu lassen. Du hast jetzt den wichtigsten Menschen auf deiner Seite, den du nur haben kannst: dich!

Du hast jetzt den wichtigsten Menschen auf deiner Seite, den du nur haben kannst: dich!

Wenn du mißbraucht worden bist, dann sieh die Situation ein letztes Mal vor deinem inneren Auge, gehe hinein, und bringe all deine Wut endlich dahin, wo sie hingehört. Rette dein inneres Kind, verprügle den Vergewaltiger, wenn du willst. Mache das, was sich richtig anfühlt, aber hole das Kind zu dir. Ob du ungerecht behandelt worden bist oder was auch immer dir widerfahren ist: Sieh dich als Kind in dieser Situation, und nimm dich gleichzeitig, vielleicht zum erstenmal, als Erwachsene wahr. Sicher hast du immer, wenn du an diese Situation dachtest, aus dem inneren Kind heraus gedacht, gefühlt und reagiert. Nun, du bist endlich erwachsen, endlich kannst du entsprechend handeln! Der

Erwachsene in dir hat keine Angst, und er ist auch nicht verletzt, das ist das Kind. Es ist in dir.

Übernimm bitte die Verantwortung für dein inneres Kind, nimm es sogar deinen Eltern weg, wenn sie nicht gut mit dir umgegangen sind, es ist deins. Du darfst und du sollst ihnen auf Augenhöhe begegnen, und selbst wenn du das im äußeren Leben niemals könntest, so kannst du es doch innerlich. Die Erwachsene in dir kann es.

In diesen Schritten schauen wir uns nun auch die seelischen Anteile an, die Sucht überhaupt erst ermöglichten und dafür sorgten, daß du diese Erfahrungen auf der Erde machen konntest. Du kannst sicher sein, auch sie haben längst genug und sehnen sich nach Hause, was immer das bedeutet. Wenn du genesen willst, wenn du dauerhaft auf die gesunde Seite des Lebens wechseln möchtest, ist es wichtig, soviel wie möglich dieser alten, an die Sucht gebundenen Energien aus dir herauszulösen und gehen zu lassen. Wenn du nicht an »seelische Anteile« und »gebundene Energien« glaubst, nutze es einfach als Bild, aber lasse dich durch nichts davon abhalten, etwas zu nutzen, was dir vielleicht helfen könnte.

> *Übernimm bitte die Verantwortung für dein inneres Kind.*

Es folgt nun eine Meditation, die dir dabei ebenfalls helfen kann, den Weg aus der Sucht hinaus zu gehen:

MEDITATION

Mache es dir bequem, und höre entspannende Musik. Lasse vor deinem geistigen Auge eine wunderschöne Landschaft erscheinen, und ruhe dich in diesem Bild ein wenig aus. Bitte dann deine höhere Macht, dich zu begleiten, während du die Meditation durchführst. (Das tut sie sowieso, aber wenn du sie bewußt bittest, dann erinnerst du dich selbst daran.) Spüre in die Sucht hinein, erlaube ihr ausdrücklich, sich zu zeigen, und zwar in einer Form, mit der du heute umgehen kannst. Bitte sie, sich eine Gestalt zu geben, ein Gesicht, ein Symbol, vielleicht siehst du auch dich selbst oder jemanden, den du nicht kennst. Fühle, was du fühlst. Lasse einfach zu, was kommt, vielleicht sind es Erinnerungen. Frage den Gestalt gewordenen Anteil von dir, der mit der Sucht in Verbindung steht, nach einer Weile, ob er überhaupt noch hier auf der Erde sein will und ob es etwas gibt, was er braucht. Sage ihm, daß er nun die Möglichkeit hat, nach Hause zurückzukehren, wenn er das will, zurück in das Energiefeld deiner Seele oder an den energetischen Ort im Universum, an dem er zu Hause ist und nach dem er sich vielleicht schon lange sehnt. Schau, wie der Anteil reagiert. Laß die Gefühle zu, die kommen. Erlaube dir vor allem, wahrzunehmen, daß du bzw. dieser Anteil vielleicht wirklich nicht mehr auf der Erde sein will.

Vielleicht spürst du das nun zum erstenmal in aller Deutlichkeit. Frage diesen Anteil, ob er etwas braucht, um hier zu bleiben, frage ihn, was ihn trösten könnte. Vielleicht macht sich ein Gefühl bemerkbar, vielleicht zeigt sich ein Symbol wie ein Herz oder ein Delphin, oder du spürst, der Teil von dir braucht eine Umarmung. Gib ihm, was er braucht …
Wie reagiert dieser Teil in dir? Läßt er sich trösten, halten? Spürst du, daß er Kraft bekommt?
Es kann schwierig, an diesen Anteil heranzukommen. Sicher hast du schon oft versucht, dich mit ihm zu versöhnen, ihn zu »erden«, ihn zu verändern, weil du nicht wußtest, daß er selbstverständlich auch die göttliche Erlaubnis hat, zu gehen. Aber du läßt dich nicht entmutigen, machst weiter.
Nun stelle dir bitte eine Lichtsäule vor, die aus göttlicher, reiner Liebe besteht. Erlaube dem süchtigen Anteil, der nicht mehr hier sein will, einfach in dieses Licht hineinzugehen – und dort zu bleiben. Engel kommen, holen diesen Seelenteil ab und geleiten ihn zuruck in das Reich deiner Seele oder an den spirituellen Ort, an den er gehört. Er wird dort geheilt und findet Frieden. Wenn du magst, dann danke ihm, daß du durch ihn sehr viele der Erfahrungen machen konntest, die du dir für deine Inkarnationen vorgenommen hast. Du kannst dich sogar vor ihm verbeugen und ihn für das Schicksal achten, das er ermöglicht und ertragen hat.
Fühle die Befreiung, wenn du diesen seelischen Anteil nicht mehr im Körper mit dir herumträgst …
Wenn du willst, kannst du nun dein Inne-

res fragen, ob es noch andere Anteile gibt, die nach Hause wollen. Mache dir keine Sorgen, es bleiben genug übrig! Lasse sie nach und nach alle gehen, genau zu dem Ort, an den sie energetisch gehören. Wenn es sich richtig und gut anfühlt, bitte sie, ihre gute Kraft von dort aus zu dir zu schicken.
Erlaube der Kraft der Lichtsäule, dich zu durchströmen, deinen Körper zu reinigen und zu heilen. Dann bitte die seelischen Anteile, die Energien, die jetzt zu dir gehören und dein weiteres Leben auf der Erde unterstützen und ermöglichen wollen, zu dir. Du bist sicher und geschützt. Das alles findet in deinem Innern statt, es ist alles nur deine Energie. Deine Seele verfügt über beinahe unermeßlich weite Felder von Energien und Möglichkeiten. Du kannst jetzt einfach neu wählen, welche Anteile du verwirklichen möchtest. Bitte darum, daß Anteile in dich einströmen, die gesund sind, die voller Freiheit und Lebensfreude durch das Leben tanzen möchten und das auch können – oder was auch immer sich für dich richtig anfühlt. Und dann erlaube dieser Kraft, in dich hineinzufließen. Spüre, wie du dich veränderst, kraftvoller und leichter wirst.
Die süchtigen Teile, die Energien, die dir süchtiges Verhalten ermöglichten, sind nun zurückgekehrt in das große Energiefeld deiner Seele. Sie haben dir gute Dienste geleistet, es dir ermöglicht, Sucht zu erleben und zu erforschen. Das ist auf seelischer Ebene eine wichtige Erfahrung. Aber nun ist sie abgeschlossen. Von nun an kannst du andere, bessere Möglichkeiten finden, erfüllt und glücklich zu sein.

Als Menschen neigen wir natürlich dazu, alte Gewohnheiten beizubehalten. Sie sitzen tief, und so brauchen wir ein immerwährendes Bewußtsein dafür, wo wir stehen. Achte deshalb immer darauf, aus welcher Motivation heraus du handelst, ob du im Feld der Fülle oder im Jammertal des Mangels lebst. Wenn du aus dem Mangel und dem süchtigen Denken und Fühlen heraus gehandelt hast, dann räume sofort hinter dir auf. Mache alles gleich wieder gut, unterbrich dich zur Not mitten im Satz, und stelle die Dinge richtig. Mache dich bitte nie wieder wichtig, falls das dein Muster sein sollte; lege den Bissen zurück auf den Teller, wenn du »eben nur mal rasch« etwas essen wolltest; unterlasse alles, was du im achten Schritt für dich als schädigend erkannt hast. Glaube nie wieder, zu wissen, was jemand braucht; frage die Menschen, wenn du etwas für sie tun möchtest. Verfängst du dich trotzdem in einem alten Muster, dann bitte um Vergebung – vergib dir vor allem selbst –, und höre auf damit. Mache kein Drama daraus, höre einfach auf.

Du mußt nicht alles wissen und können.

Menschen reagieren weitaus gelassener, als wir glauben, wenn wir ganz ohne Theater zugeben, daß wir unrecht hatten. Es ist unsere Angst vor Beschämung und Strafe, die uns mit dem Rücken zur Wand stehen läßt, nicht aber das, was üblicherweise tatsächlich geschieht. Erinnere dich bitte: Du mußt nicht alles wissen und können. Das Wichtigste für heute – das, was wirklich zählt – ist, daß du dich nicht überißt, sondern am Ende des Tages in Frieden mit dir und im Zustand geistiger Gesundheit schlafen gehen kannst. Manchmal ist das das einzige, was du leisten kannst, aber das macht nichts. Wenn du aufhörst, dich zu überessen, kommen deine Gefühle mit Macht in dein Leben zurück, und du wirst sicher viel Zeit damit verbringen, sie zu fühlen. Vielleicht glaubst du manchmal, dein

Leben wäre leichter gewesen, als du deine Gefühle noch mit deiner Art von Droge unter Kontrolle hattest. Aber wie hoch war der Preis dafür?

Wenn du manchmal meinst, es wäre hart, abstinent zu sein, wenn der Suchtdruck dich mit aller Macht überfällt und du denkst, einen Bissen zu essen wäre nicht so schlimm, dann bete sofort um Bereitschaft und Kraft, ihn nicht zu essen – und erinnere dich bitte daran, wie du dich gefühlt hast, als du noch im Selbsthaß, in der Selbsterniedrigung und in tiefer Verzweiflung verharrtest. Höre sofort auf, wenn du mitten in einem Eßanfall zu dir kommst. Beginne auf der Stelle aufs neue mit: »Nur für heute kann ich es schaffen.« Bitte um Hilfe, mache eine Inventur des Tages, greife zum Telefon und rufe ein Gruppenmitglied an. Es ist nie zu spät, egal, was du schon in dich hineingestopft hast – es kommt auf jeden Bissen an. Haben wir uns früher mit dem Satz »jetzt ist es sowieso egal« in der Ohnmacht gefangen gehalten, so wissen wir heute, daß jeder Happen, den wir nicht essen, sei er noch so klein, einen Unterschied ergibt.

Es ist nie zu spät.

Egal was du tust, befreie dich aus dem Teufelskreis, sowie du wieder bei Sinnen bist. Du wirst feststellen, daß das immer rascher klappt, daß die Eßanfälle kürzer werden, daß die Bereitschaft, zu genesen und auf der suchtfreien, stabilen Seite des Lebens zu wandeln, von Tag zu Tag wächst. Wahrscheinlich wirst du auch beginnen, Gewicht zu verlieren, und vielleicht beginnt eine kleine Hoffnung in dir zu wachsen, daß eines Tages doch alles gut werden könnte. Es kann und es darf sofort gut sein, heute, genau jetzt. Lege einfach das Besteck weg.

Elfter Schritt

Wir suchen durch Gebet und Meditation unsere bewußte Verbindung zu Gott – wie wir ihn verstehen – zu verbessern. Wir bitten ihn nur, seinen Willen für uns erkennbar werden zu lassen, und um die Kraft, ihn auszuführen.

Viele von uns, die wir uns mit Spiritualität, Esoterik und höheren Ebenen des Daseins beschäftigen, halten diesen elften Schritt für sehr leicht, denn beten und meditieren tun wir sowieso den ganzen Tag. Nachfolgend findest du eine Meditation, die dir helfen kann, dein Vertrauen in das, was du innerlich spürst und empfängst, zu stärken.*

MEDITATION

Der Kristall des Vertrauens

Mache es dir ganz bequem. Schließe deine Augen, und lasse dich in dich selbst hineinfallen. Atme ein paarmal tief durch. Lasse los … Entspanne dich …

* Diese Meditation gibt es auch auf CD: Meditation für zwischendurch – Kristall des Vertrauens und Rhythmus des Herzens.

Stelle dir eine strahlend helle, vor Lebendigkeit vibrierende Lichtsäule vor. Tritt hinein, und lasse dich durchströmen von klarem, reinem Licht, von einer stabilen hohen Frequenz der Klarheit, der Liebe und der Zuversicht.
Alles, was schwer ist, steigt in dieser Lichtsäule nach oben auf. Du fühlst dich freier und lichter, wirst gereinigt und von kraftvoller Leichtigkeit durchströmt. Nun erweitert sich diese Lichtsäule, wird breiter und größer, und ein sehr heller Engel beginnt, zu dir herabzuschweben.
Er trägt etwas in seinen Händen, was dir sehr vertraut erscheint, aber du kannst noch nicht erkennen, was es ist. Die Lichtsäule erweitert sich noch mehr und wird zu einem sehr lichtvollen Raum, einem Raum, in dem du nun noch weitere Engel erkennst oder spürst. Es ist, als versammelte sich deine ganze Engelfamilie.
Der sehr helle Engel verneigt sich vor dir und gibt dir einen Kristall. »Das ist der Kristall des Vertrauens«, sagt er. »Wenn du diesen Kristall trägst, erinnerst du dich daran, wie es ist, dich mit allem verbunden zu fühlen und zu wissen, was du weißt. Du erinnerst dich daran, daß es einen göttlichen Plan gibt, der dich trägt und von dem du ein sehr wichtiger Teil bist. Du erinnerst dich daran, daß du weißt, wer du bist, und daß du geführt wirst. Du erinnerst dich an alles, was du vergessen hast, du weißt auf einmal wieder, was du weißt, und vertraust deiner inneren Stimme und Führung.«
Der Engel gibt dir nun den Kristall des Vertrauens. Er setzt ihn in dein Herz ein oder an die Stelle deines Körpers, in die er gehört und wo er schon so lange fehlt. Sofort beginnt seine

Energie, dich zu durchströmen, deinen Leib, deinen Emotionalkörper, deinen Mentalkörper. Er verändert dich von Grund auf und durchflutet dich mit entspannter und heilender Kraft. Allmählich erkennst du in dir einen dunklen Stein, vielleicht auch einen Kristall, vielleicht ein Symbol. Immer deutlicher spürst du, welche Schwere von ihm ausgeht – es ist dein Zweifel. Wenn du den Kristall des Vertrauens zurückerhalten hast, dann hat der Zweifel keinen Platz mehr in dir. Spüre, wie sich der Stein für dich anfühlt. Nimm wahr, daß er immer leichter wird – und genauso leicht kannst du diese Last aus dir herauslösen. Nimm den Stein, und übergib ihn dem lichten Engel. Er nimmt den Stein des Zweifels aus dir heraus, hält ihn ins Licht, und augenblicklich löst er sich auf. Er wandelt sich zu reiner Kraft, versprüht vielleicht noch ein paar Lichtfunken und ist dann verschwunden. Alles in dir, was noch mit diesem Zweifel in Verbindung steht, wird nun durch die Zauberkraft des Kristalls des Vertrauens aufgelöst. Du entspannst dich tiefer und tiefer und erinnerst dich, daß du weißt, was du weißt. Bitte deinen Körper oder dein Gefühl, dir zu zeigen, woran du von nun an erkennst, daß etwas stimmt. Laß dir zeigen, woran du erkennen kannst, daß du die Wahrheit spürst. Vielleicht leuchtet der Kristall in dir auf, vielleicht überkommt dich eine tiefe Ruhe, vielleicht hast du ganz klare, präzise Gedanken. Erlaube dir, in aller Ruhe wahrzunehmen, wie es sich anfühlt, zu wissen, was du weißt, und merke dir dieses Gefühl, sei es ein körperlicher, emotionaler oder auch ein geistiger Zustand.

Nun bietet dir der Engel an, in sein Energiefeld zu treten. Er öffnet sich und du trittst in ihn ein wie in eine Lichtsäule, stehst mitten im Energiefeld des Engels. Dein Bewußtsein öffnet sich, du beginnst, wie ein Engel zu fühlen, zu spüren und zu wissen. Nun verschwinden auch die letzten Reste deines Zweifels. Du wirst durchströmt von reiner Engelkraft, dein Bewußtsein erweitert sich, öffnet sich, und du wirst immer mehr zu dem Engel, der du in Wahrheit sowieso bist. Die Gehirnareale, die dafür zuständig sind, öffnen sich, werden aktiviert, beginnen zu erwachen. Vielleicht spürst du einen Druck im Kopf, das macht aber nichts, lasse es einfach zu. Dein Bewußtsein öffnet sich immer weiter, dein Körper reagiert, und du verschmilzt immer mehr mit diesem Engel, so sehr, daß du gar nicht mehr unterscheiden kannst, was du bist und was der Engel ist.
Und nun kommt dir der Gedanke, daß du selbst gar dieser Engel bist, daß es ein Teil deiner eigenen Energie ist. Du glaubst es vielleicht noch nicht, aber es fühlt sich vielleicht richtig an … Du fragst den Kristall des Vertrauens, ob du selbst dieser Engel sein könntest, und wartest auf seine Antwort. Sprüht er nun auf und du spürst ein tiefes Ja, dann nimm es einfach an. Oder aber du spürst ein Nein; zwar bist du ein hohes geistiges Wesen, aber kein Engel. Nun, dann bist du etwas anderes, das einem Engel in nichts nachsteht, hast aber einfach eine andere Frequenz.
Wenn du magst, dann frage den Engel, der sowieso zu dir gehört, ob er Teil deiner Energie bleiben will. Willst du das nicht, dann

verabschiede dich, und tritt aus seinem Energiefeld heraus. Du bist ein Teil des göttlichen Plans, und du weißt das jetzt auch wieder. Von nun an kannst du direkt auf Informationen zugreifen, kannst dem vertrauen, was du spürst und weißt; deine innere Stimme wird dich führen und leiten. Komme nun, während du zugleich in diesem hohen energetischen Raum bleibst, zurück in das Zimmer, in dem du dich befindest. Nimm deinen Körper wieder wahr, öffne deine Augen, verweile aber innerlich in der Energie dieser Lichtsäule, und bleibe angeschlossen an den Kristall des Vertrauens.

Viel schwieriger ist der zweite Teil des elften Schrittes: »Wir bitten ihn nur, uns die Kraft zu schenken, gemäß seinem Willen zu handeln.« Denn alle Meditation, alles Beten zeigt wenig Wirkung, wenn wir uns nicht an das halten, was wir erkannt haben. Dieser Schritt verbindet Himmel und Erde in dir und in deinem Leben.

Was haben wir bis jetzt getan? Wir haben um Hilfe gebeten – aber nicht im Sinne Gottes, sondern so, wie wir es wollten: Hilf mir dabei, dünn zu werden; hilf mir, daß ich essen kann, ohne mich schlecht zu fühlen; hilf mir, daß ich es ein bißchen leichter habe. An diesem Punkt aber geht es um einen echten Systemwechsel. Wir bitten nicht mehr darum, das zu erhalten, was wir wollen, sondern wir bieten uns selbst, unser Leben, unser Herz und unsere Kraft an und stellen sie Gott zur freien Verfügung.

Das ist wie ein Sprung in einen Abgrund, denn wir wissen nicht, was er mit uns vorhat. Es kann sein (es ist unwahrscheinlich, aber möglich), daß die göttliche Kraft es für sinnvoll hält, daß wir dick bleiben. Auch schlank werden zu wollen ist vielleicht nur der eigene Wille. Du verstehst sicher, was ich meine. Natürlich ist es nicht im Sinne Gottes, daß wir krank sind.

Gehen wir diesen Schritt, müssen wir uns darauf einlassen, obwohl wir Gottes Plan für uns nicht kennen, und wir müssen bereit sein, seinen Plan gelten zu lassen und nur seinen. Das bedeutet, daß wir es akzeptieren, unsere Wünsche in bezug auf uns selbst und unser Leben loszulassen, ihre Erfüllung in die Hände Gottes zu legen und das Leben so anzunehmen, wie es die göttliche Kraft für uns vorbereitet und geplant hat.

Das scheint eine sehr kindliche und wenig selbstverantwortliche Art zu sein, mit dem Leben umzugehen, aber es ist alles andere als das. Tatsächlich werden dadurch genau die Bereiche in uns angesprochen, die uns krank gemacht haben: die Angst, nie zu bekommen, was wir brauchen, nicht getragen zu werden; das Gefühl, das Leben sei nie auf unserer Seite. Wir kennen den Plan Gottes für unser Leben nicht.

Gehen wir diesen Schritt, müssen wir uns darauf einlassen, obwohl wir Gottes Plan für uns nicht kennen.

Dieser Schritt erfordert ein absolutes Einlassen auf: »Dein Wille geschehe.« Mit Sicherheit will die göttliche Kraft nicht, daß du dich überißt, und wenn du beginnst, nach ihrem Willen für dich zu fragen, dann wirst du sehr schnell spüren, daß sie immer an gesunden, nüchternen, abstinenten Wegen interessiert ist, ohne je dogmatisch zu sein.

Was für den einen heute richtig ist, kann für den anderen ganz verkehrt sein. So gilt es immer zu fragen: Was sieht der göttliche Plan heute und genau jetzt für mich vor? Meistens klingt es nicht so anders als das, was dein gesunder Menschenverstand dir auch raten würde. Wohlgemerkt: nicht die Angst, die sich häufig der Stimme des Verstandes bedient, sondern dein klarer, logischer Verstand. Es ist nicht logisch, sich zu überessen, und ebensowenig, etwas zu tun, was sich für dich nicht gut anfühlt. Es hat keinen Sinn, sich zu überarbeiten und in einer Beziehung zu leben, die dich nicht erfüllt. Das sind alles Auswüchse deiner Angst.

So kann es sein, daß dich dieser Schritt auf die Dauer mit allen Themen konfrontiert, die du aus Angst unterläßt oder zuläßt. Dein Leben richtet sich neu aus, du erfährst Klarheit, Genesung, Gelassenheit und Vertrauen. Das hört sich wundervoll an, und das ist es auch. Der Preis, den du zahlen mußt, das Opfer, das du dem Leben bringst, sind deine Art, dir selbst in die Tasche zu lügen, deine Vernebelungstaktiken und deine Angst davor, die Dinge so zu nehmen, wie sie nun einmal sind.

Dein Leben richtet sich neu aus, du erfährst Klarheit, Genesung, Gelassenheit und Vertrauen.

Es wird Zeit, daß wir ein für allemal erkennen, daß wir keine Ahnung haben, wie wir erfüllt, glücklich, stabil und gesund essen und leben können. Unser Plan funktioniert nicht, mag er sich auch noch so einfach, logisch und richtig anhören. Unser Versuch, unser Essen und unser Leben zu kontrollieren, ist gescheitert. Dieses Anerkennen unseres Versagens ist mit einem tiefen Schmerz verbunden. Wir haben uns so sehr bemüht, haben uns so sehr angestrengt, gehofft und gebangt, haben all unsere Energie eingesetzt, um unser Ziel zu erreichen. Und jetzt sollen wir einfach die Waffen strecken, uns geschlagen geben, mit hängendem Kopf aus der Kampfarena schleichen? Vielleicht baut unser ganzes Selbstbild darauf auf, daß wir Kämpfer sind und nie aufgeben, daß wir weitermachen, auch wenn eine Mission anscheinend zum Scheitern verurteilt ist. Vielleicht besteht unser Ego darauf, recht zu behalten, und findet tausend Argumente, warum wir nicht unserer inneren Führung folgen, sondern unseren alten, längst überholten Plan ausführen.

Sich dem Schmerz des Versagens zu stellen und das Leben tatsächlich in Gottes Hände zu legen ist für das Ego fast nicht möglich. Wenn du beginnst, Gottes Plan zu folgen und nur ihm, wird es vermutlich in dir zu toben beginnen. Eventuell wirst du unter Entzugsschmerzen leiden, dich nutzlos und ausgeliefert fühlen. Vielleicht aber auch nicht. Möglich ist auch, daß in dir eine Hoffnung wächst, du zu spüren beginnst, daß es tatsächlich etwas Besseres gibt als dein langweiliges und schmerzhaftes System aus Kontrolle, Mangel und Scheitern. Jeden Abend nehmen wir uns vor, ab dem nächsten Tag gesund und abstinent zu essen, und jeden Morgen nach dem ersten Kaffee scheitert der Plan. Es gibt immer einen Grund, nicht wahr?

Bei diesem Schritt aber nehmen wir uns gar nichts vor, wir TUN es einfach.

Bei diesem Schritt aber nehmen wir uns gar nichts vor, wir TUN es einfach. Und zwar jetzt. Wir fragen unsere höhere Macht, was sie für diese Minute, für diese Situation an Lösungen parat hat, und hinterfragen die Lösung nicht, wir machen schlicht, was sie sagt. Egal wie verrückt oder unlogisch uns das Angewiesene auch erscheinen mag, alles ist logischer und weniger verrückt, als dich zu überessen. Was immer deine innere Stimme von dir fordert, probiere es einfach mal aus, und sieh, wie es sich anfühlt. Deine innere Stimme, die Stimme deiner höheren Macht oder Gottes, wie du ihn verstehst, kennst du. Es ist diese klare Stimme in deinem Inneren, die sich gesund und nüchtern anhört, die dir Anweisungen jener Art gibt, denen eine wirklich gute Freundin oder ein wahrer Freund zustimmen würde.

Im elften Schritt geben wir Gott eine Chance. Wir hören zu, und wir entscheiden, uns an das zu halten, was wir spüren und hören, es nicht in Frage zu stellen, sondern Gott für uns tun zu lassen, was wir selbst nicht für uns tun können.

Wenn du in eine Situation gerätst, in der du auf einmal mit Nahrungsmitteln konfrontiert bist, auf die du süchtig reagierst, bete und bitte darum, auf der Stelle Kraft zu bekommen, eine innere Anweisung, irgend etwas, womit du der Sucht Paroli bieten kannst. Mache kein Drama daraus, gehe nicht ins Opferbewußtsein. Erinnere dich, es gibt Menschen, die sehr gut mit Nahrung umgehen können. Daß du es nicht kannst, gibt dir keinen Grund, zu fordern, daß andere dich schützen sollten.

Vor ein paar Monaten war ich bei der Konfirmation meines Neffen, einer großen Familienfeier. Ich war darauf vorbereitet, daß es sehr viel Kuchen geben würde. Aber leider nahm ich das nicht so ernst. Ich bin schon ziemlich lange abstinent und hatte schon viele solcher Situationen gemeistert. Nun, aus irgendeinem Grund meisterte ich diese nicht. Ich bekam fast Panik, als ich all den Kuchen sah. Ich weiß bis heute nicht genau, was in mir vorging, aber ich wußte genau, da lauert ein Freßanfall, wie ich ihn schon lange nicht mehr gehabt hatte. Ich bat auf der Stelle um Führung und hörte: »Verlaß den Raum, und geh spazieren.« Es war zwar die Konfirmation meines Neffen, aber erstens bin ich als Tante nun wirklich nicht besonders wichtig, und zweitens ist meine Genesung für mich das Wesentlichste in meinem Leben. Ich ging also zu meiner Schwester und sagte ihr, daß es mir sehr unangenehm sei, jedoch spürte, daß ich heute mit all dem köstlichen Kuchen nicht umgehen könne. Ich dankte ihr für die Liebe und Fürsorge, die darin steckten, und erklärte ihr, daß ich für die Zeit des Kaffeetrinkens

Erinnere dich, es gibt Menschen, die sehr gut mit Nahrung umgehen können.

spazierengehen müsse. Ich ging für eine Stunde weg, dann kam ich wieder, und alles war in Ordnung.

Es gab kein Drama, ja es hat nicht einmal jemand bemerkt. So funktioniert die höhere Macht.

Nimm dir täglich Zeit, zu meditieren, spazierenzugehen, Zwiesprache mit deiner inneren Führung zu halten, das wird Ruhe in dein Leben bringen und dich stabilisieren. Nimm deine Genesung und deine Beziehung zu deiner höheren Macht und damit auch die zu dir selbst ernst. Dadurch stärkst du ihre Kraft, und sie kann besser für dich sorgen. Sie kann eingreifen, wenn du in süchtiges Verhalten zu rutschen drohst.

Nimm dir täglich Zeit, zu meditieren, spazierenzugehen, Zwiesprache mit deiner inneren Führung zu halten.

Gib deiner höheren Macht, deiner inneren Führung eine Chance, höre ihr zu, und probiere aus, was sie dir vorschlägt – stelle es nicht gleich wieder in Frage, hadere nicht damit, sondern begib dich auf der Stelle aus der Gefahrenzone.

Dadurch werden Wunder in deinem Leben geschehen, du wirst sehen.

Zwölfter Schritt

Nachdem wir durch diese Schritte ein spirituelles (geistiges) Erwachen erlebt haben, versuchen wir, diese Botschaft an Eßsüchtige weiterzugeben und unser tägliches Leben nach diesen Grundsätzen auszurichten.

Warum erst jetzt? Damit wir nicht missionieren gehen. Ich war ziemlich unausstehlich, als ich diese Schritte für mich fand, und sehr coabhängig. Hätte ich diesen zwölften Schritt gemacht, bevor mir eine Art spirituelles Erwachen widerfuhr, dann hätte ich heute keine Freunde mehr, glaube ich. Denn natürlich neige ich – wie fast alle Coabhängigen und Süchtigen – zum Dogma. Alles ist schwarz oder weiß, schlimm oder super, richtig oder falsch. Und wenn ich einen Weg gefunden habe, mit dem Essen umzugehen, wenn ich für mich erkannt habe, daß ich süchtig bin, schaffe ich es nicht, das für mich zu behalten. Ich muß es einfach jedem mitteilen und fange auch gleich an, jeden nach der Methode zu retten – ob er will oder nicht.

Nun, ich weiß nicht, was für dich richtig ist. Ich biete dir hier lediglich einige hilfreiche Werkzeuge an. Nimm, wie wir das in den 12-Schritte-Gruppe sagen, an, was dir hilft, und lasse den Rest einfach stehen. Ich weiß wirklich nicht, was du brauchst, und schon gar nicht, wann du es brauchst.

Und das ist das Neue: Früher hätte ich darauf bestanden, es besser zu wissen, auch wenn du dich dagegen gewehrt hättest. Heute kann ich dir die Freiheit lassen, es für dich selbst herauszufinden, und ich fühle mich nicht zurückgewiesen, wenn ich dir nicht helfen kann. Ich bin wie wir alle ein Werkzeug Gottes, und wenn das, was ich dir gebe, dir nicht hilft, dann wird er dich durch jemand anderen unterstützen. Das kann ich aber nur so sehen, weil ich nicht mehr so abhängig davon bin, gebraucht zu werden, und deshalb steht dieser Schritt am Ende des Weges aus der Sucht. Du hilfst niemandem, wenn du es brauchst, ihm zu helfen; du raubst ihm nur Energie. Selbst wenn ein paar gute Tips dabei waren, die dem anderen tatsächlich dienten, so war der Preis für diese Hilfe doch sehr hoch. Der andere hat Anerkennung, Aufmerksamkeit und seine Bedürftigkeit in die Kasse deines Egos gezahlt.

Leg dein Leben in Gottes Hände.

Drum prüfe, wenn du das, was du in diesem Buch gelernt hast, weitergibst, ob du dem anderen wirklich dienen willst oder nur klug dastehen möchtest. Die Botschaft selbst ist ganz einfach: Lege dein Leben in Gottes Hände, und richte dich nach dem, was er dir sagt. Du kannst dir schon vorstellen, daß du selbst, wenn du diese Botschaft weitergibst, ziemlich souverän sein mußt, denn die Reaktion der anderen darauf wird nicht immer freundlich sein. Dann lasse sie. Verwickle sie nicht in Diskussionen. Gott ist ein Angebot – ebenso die zwölf Schritte –, und keiner muß es annehmen. Wer das, was du zu sagen hast, wirklich braucht, wird es spüren und auf dich zukommen. Und wer es nicht braucht, dem wird etwas anderes helfen wenn die Zeit reif ist.

Bei der Organisation Overeaters Anonymous (und allen anderen 12-Schritte-Gruppen) gibt es zwölf Traditionen, von denen eine besagt, daß OA niemals Stellung zu Fragen außerhalb ihrer Gemeinschaft nimmt. OA bietet ein 12-Schritte-Genesungsprogramm, das aus der Eßsucht hinaus und in die Arme einer göttlichen höheren Macht hineinführt. Mehr nicht. Wenn du die Botschaft weitergeben willst, dann ist es eine gute Idee, dich daran zu halten. Alles andere, was du zu sagen hast, ist nicht die Botschaft. Du kannst es natürlich dennoch weitergeben, aber dann hat es nichts mit diesem Schritt zu tun.

Botschaften gibt man am besten weiter, indem man sie lebt, nicht indem man darüber redet. Dann werden Menschen auf dich zukommen und dich fragen, was sich in deinem Leben durch die neue Erfahrung verändert hat. Sie werden deine Energie spüren und erkennen, daß du etwas hast, was sie brauchen. Vielleicht werden sie dann erst für das offen sein, was du zu sagen hast. Verliere dich nicht im Weitergeben, und lenke dich auf keinen Fall damit ab. Lebe die Botschaft, sei die Botschaft, integriere sie in dein ganz normales Leben, dadurch wirst du von Tag zu Tag stabiler und gesünder. Wenn du zuviel über sie redest, ohne sie zu leben, dann hast du selbst nichts davon, lenkst dich nur von dir selbst ab.

Lebe die Botschaft, sei die Botschaft, integriere sie in dein ganz normales Leben.

Gehst du diese Schritte tatsächlich und wirst abstinent vom süchtigen Essen, dann wirst du auf die Dauer sicher auch einiges an Gewicht verlieren.

So sehnlich ich mir auch gewünscht habe, dünner zu werden, so wenig habe ich daran geglaubt, daß es tatsächlich geschehen könnte. Die geistige Stabilität und die innere Freiheit, die ich durch die zwölf Schritte gewonnen habe, waren so wichtig und sind soviel mehr als das, was ich erwartet habe, daß mir ein Gewichtsverlust zweitrangig vorkam. Ich hätte es akzeptiert, nicht abzunehmen, weil die Besessenheit und das ewige schlechte Gewissen endlich der Vergangenheit angehören.

Doch das kleine Wunder geschah: Nach ein paar Wochen Abstinenz begann mein Körper, Fett abzubauen.

Doch das kleine Wunder geschah: Nach ein paar Wochen Abstinenz begann mein Körper, Fett abzubauen, und ich mußte sehr aufpassen, daß ich nicht in eine neue Zwanghaftigkeit hineinrutschte. War ich bislang vom Essen besessen, so spielte plötzlich die Zahl auf der Waage eine viel zu große Rolle. Früher hatte ich mich erst gar nicht gewogen, ich war einfach zu dick und wollte nicht wissen, wieviel Gewicht ich wirklich mit mir herumschleppte. Aber als sich der Zeiger der Waage einer Zahl zu nähern begann, die ich mir in meinen kühnsten Träumen nicht erhofft hatte, schlug meine Eßsucht um, und ich wurde schlankheitssüchtig. Ich war auf dem Weg, mein längst verloren geglaubtes Traumgewicht zu erreichen! Und das, als ich es schon längst aufgegeben hatte, jemals auch nur eine einigermaßen normale Figur zu haben. Ich konnte es nicht fassen. Eine Hoffnung begann, in mir aufzukeimen, die ich längst begraben hatte: die Hoffnung, mich irgendwann wieder normal zu fühlen, enge Kleidung anziehen zu können, mich in mir selbst sicher und vielleicht sogar erotisch fühlen zu können. Ich hatte meinen Körper ignoriert, wo ich nur konnte, hatte weite Kleidung angezogen und mich innerlich abgewandt, wenn ich duschte oder mich eincremte. Ich hatte für ihn gesorgt, aber mehr auch nicht.

Und nun nahm ich also auf einmal ab. Habe ich eben geschrieben, ich mußte aufpassen, daß ich nicht in eine neue Zwanghaftigkeit hineinrutschte? Vergiß es. Natürlich rutschte ich hinein, aber diesmal, und das war das Vertrackte, im Brustton der Überzeugung. Denn ich litt ja nicht darunter, sondern fand es gesund und fühlte mich toll. Ich hatte eine solche Angst, wieder dick zu werden, daß ich lieber wieder die Kontrolle übernahm. Ich arbeitete im Programm, ging in die Gruppe und aß abstinent, lebte jetzt allerdings in diesem Bereich meine Zwanghaftigkeit und Suchtstruktur. Ich war so erpicht darauf, es zu schaffen, weil es auf einmal möglich erschien. Ich wollte endlich schlank werden und konnte es kaum fassen, als der Zeiger der Waage unter fünfundsechzig Kilo rutschte.

Irgendwann pendelte er sich dann bei zweiundsechzig ein. Das ist ein Gewicht, das ich als für mich »ideales« Gewicht empfinde. Ich wäre gern dünner, aber ich glaube, das wird immer so sein, egal was ich wiege. Ich kann zweiundsechzig Kilo leicht und gut halten, wenn ich mich nach dem richte, was meine höhere Macht sagt. Das ideale Gewicht ist nicht das, welches du haben willst, sondern das, welches du leicht halten kannst und mit dem du dich wohl fühlst. Wenn ich zu dünn werde, dann werde ich wieder zwanghaft, esse sehr wenig und rutsche in die Kontrollsucht, weil ich glaube, endlich doch ein paar und fünfzig wiegen zu können. Gelänge es mir, dieses Gewicht zu erreichen, spielte das keine Rolle, der Zwang würde bleiben. Es ist ein inneres Programm, immer dünner sein zu wollen, das nichts mit einem gesunden Gewichtsempfinden zu tun hat. Nehme ich zu, dann bekomme ich Angst, wieder dick zu werden, der Spaß hört spätestens bei vierundsechzig Kilo auf.

Das ideale Gewicht ist nicht das, welches du haben willst, sondern das, welches du leicht halten kannst und mit dem du dich wohl fühlst.

Wenn du Eßstörungen hast, ist dein Selbstbild empfindlich verzerrt. Es ist schwierig für dich, dich selbst so wahrzunehmen, wie du wirklich bist. Ich kann es heute noch nicht. Ich sehe, ob meine Kleidung paßt, daran erkenne ich, daß ich okay bin, aber ich sehe es nicht wirklich. Damit muß ich möglicherweise leben, doch eines Tages wird auch das vielleicht noch von mir genommen.

Als ich bemerkte, daß ich nun einen neuen Gott hatte, eine neue höhere Macht erschuf, nämlich meine Waage, begann ich wieder mit dem ersten Schritt. Ich mußte zugeben, daß ich mich zwanghaft wog, daß ich nicht mehr abstinent und gesund aß, sondern versuchte, so wenig wie möglich zu essen. Das aber ist der Weg zurück in die Sucht. Dann hörte ich in einem Treffen das Wort »Suchtverlagerung«, und da wurde mir einiges klar. Ich trage in mir eine Suchtstruktur, ich reagiere schnell süchtig, egal wonach. Wenn es nicht das Essen ist, dann ist es mein Gewicht, und wenn es das nicht ist, passiert mir das auch mit Geld, Liebe, mit Sex oder mit Dekorieren. Ich kann die Lehren des Feng Shui süchtig anwenden, ich kann süchtig lesen, Kaffee trinken, ich kann süchtig in Selbsthilfegruppen gehen, und ich kann süchtig gesund leben. Natürlich könnte man fragen, was daran nicht in Ordnung sein sollte, du schadest ja niemandem, wenn du zum Beispiel süchtig, also zwanghaft, gesund lebst. Aber das stimmt nicht. Eine Sucht ist in der Hauptsache eine spirituelle und emotionale Krankheit, du lebst nicht frei und entspannt im Fluß des Lebens, sondern bist voller Angst, unfrei, getrieben und angespannt.

Eine Sucht ist in der Hauptsache eine spirituelle und emotionale Krankheit.

An diesem Punkt greift wiederum der zwölfte Schritt. Er hält uns an, unser tägliches Leben nach diesen Grundsätzen der zwölf Schritte auszurichten – und zwar nicht nur in bezug auf das Essen, sondern in jedem Bereich. Er führt dich geradewegs zurück zum ersten Schritt, schickt dich in die nächste Runde auf der nach oben führenden Spirale der Genesung.

Eine Eßsucht ist eine tiefgreifende Erkrankung, die sich

auf der Waage zeigen kann, aber nicht muß. Genauso wie nicht jeder, der ein paar Pfunde mehr drauf hat, eßsüchtig ist. Du weißt es selbst, ob du süchtig reagierst oder nicht. Wenn du süchtig bist, dann bist du es wahrscheinlich in vielen Bereichen deines Lebens. Eine Sucht ist wie eine innere Haltung, du hast einen Magneten in dir, der sich an alles heftet, was Heilung und Trost verspricht. Das Essen selbst kann dir als Kind als Trost gedient, dich wie ein Schutzwall abgeschirmt haben, und sicher war es auch gut so. Aber heute gibt es etwas Besseres. Du bist erwachsen; du kannst die spirituelle Verantwortung für dich übernehmen und tragen; du hast eine höhere Macht; du kannst dich um dein inneres Kind kümmern; und du hast das Schwert der Klarheit aus dem vierten Schritt, mit dessen Hilfe du unterscheiden kannst, ob du gesund oder süchtig reagierst.

Eine Sucht ist wie eine innere Haltung, du hast einen Magneten in dir, der sich an alles heftet, was Heilung und Trost verspricht.

Wenn du es nicht kannst, wenn du innerlich gefangen bist, wenn du verzweifelst und die Stimme deiner höheren Macht nicht hören kannst, dann tue einfach so, als ob. Frage dich selbst, was ein gesunder Mensch tun würde, und dann handle, als wärst du gesund. Viele unterschätzen den Unterschied, den das Handeln macht. Es läßt sich manchmal nicht vermeiden, sich süchtig zu fühlen und süchtig zu denken. Aber du brauchst nicht süchtig zu handeln. Du kannst darum bitten, die Kraft zu bekommen, dich so zu verhalten, als wärst du gesund. Du brauchst nicht auch noch die Auswirkungen zuzulassen, verstehst du?

Wenn du süchtig handelst, dann hast du dir wieder neue Anker gesetzt, dann ist die nächste Suchtschleife eingeläutet. Stelle dir das bitte so vor: Es gibt in dir eine Art Hamsterrad, in dem du den sinnlosen Wettlauf gegen die Sucht, gegen das Leben selbst nur verlieren kannst. Durch die zwölf Schritte kannst du aussteigen und dich um dein Leben kümmern. Das Rad aber steht noch da; es bietet dir eine von vielen Möglichkeiten, dem Leben zu begegnen. Es kann sein, daß du immer wieder in Situationen gerätst, in denen es dir wie eine gute Idee erscheint, doch wieder einzusteigen. Du siehst keinen Ausweg, weißt nicht, was du sonst machen sollst. Nun, mach einfach gar nichts. Und wenn es dich noch so sehr drängt, bitte nur für heute, nur für diesen Moment um die Kraft, nicht in das Hamsterrad zu steigen und den sinnlosen, tödlichen Lauf nicht wieder zu beginnen. Vielleicht weißt du keinen anderen Ausweg, das heißt aber nicht, daß es keinen gibt, sondern nur, daß du ihn nicht kennst. Steige nicht ein, halte es aus, nicht zu wissen, wie es weitergeht, und bitte deine höhere Macht darum, dir einen Weg zu zeigen.

Durch die zwölf Schritte kannst du aussteigen und dich um dein Leben kümmern.

Was würde ein gesunder Mensch tun? Was ist das Nächstliegende? Was steht ganz konkret an, egal wie du dich fühlst? Was ist im Moment, für diese Minute zu tun? Und das tust du.

NACHWORT

Du kannst dir vorstellen, daß es mir nicht leichtgefallen ist, dieses Buch zu schreiben. Aber ich habe mir gedacht, daß ich auf diese Weise viele Menschen erreichen kann. Mit dieser Möglichkeit habe ich irgendwie auch die Pflicht, meinen eigenen zwölften Schritt in größerem Stil zu gehen. So gebe ich dir hier die Botschaft weiter. Nimm bitte an, was dir hilft, und laß den Rest einfach liegen. Es gibt einen Weg aus dem Elend und der Not, in denen wir uns befinden, wenn wir in der Eßsucht gefangen sind. Es kann sein, daß dieser Weg sehr lang ist, oder aber in dir macht es einfach klick!, und du kannst ihn ganz leicht gehen – probiere es aus. Suche dir eine 12-Schritte-Gruppe in deiner Stadt, nutze die Werkzeuge der Genesung, und erlaube dem Leben, dir Freude, Liebe und Leichtigkeit zu schenken.

Am Ende gebe ich dir nun noch einen kurzen Text, der dir vielleicht hilft, wenn du wieder dabei bist, in die Sucht zu rutschen. Du findest darin ein paar Fragen, ein paar Anweisungen, gerade so, als würdest du mich anrufen, wenn du dabei bist, den Löffel in die Hand zu nehmen. Ich habe das zusammengefaßt, was ich selbst brauche, wenn ich dabei bin, mich im Essen zu verlieren, und ich bete darum, daß es dir dienen möge.

Erste Hilfe bei einem Eßanfall

Zunächst – herzlichen Glückwunsch, daß du es geschafft hast, dieses Buch in die Hand zu nehmen! Das Wichtigste zuerst: Lege das Essen weg. Und jetzt: Bete augenblicklich um die Kraft, das zu tun, auch wenn es dir noch so schwerfällt. Lege es weg, und verlasse mit diesem Buch in der Hand den Raum. Du kannst deine fürchterlichen Gefühle im Moment nicht ändern. Du fühlst dich einfach, wie du dich fühlst. Mache es nicht noch schlimmer, indem du ißt. Nimm deine Gefühle an, du kannst es nicht ändern. Bete für die Gelassenheit, die Dinge, die du nicht ändern kannst, hinzunehmen; das hier ist so ein Fall. Was dir auch immer passiert sein mag, warum auch immer du dich so fühlst, wie du dich fühlst, was auch immer dich in deinen Eßanfall hineintreibt, du brauchst ihm nicht nachzugeben. Du kannst diese Gefühle aushalten. Atme! Sieh sie vor dir wie eine Welle, sie wird verebben. Es geht vorbei, und du kannst es überstehen. Du brauchst nicht zu essen, das ändert nichts, du machst es nur schlimmer. Bitte lege das Essen weg, jetzt!

Du machst das sehr gut. Du kannst es nicht verhindern, dich so zu fühlen, aber das brauchst du auch gar nicht. Lasse es über dich hinwegbrausen. Fühle es einfach, du kannst das aushalten. Bitte wieder um Kraft; bitte darum, daß dich dein Schutzengel hält, und warte ab, bis die Welle verebbt ist.

So. Und nun tu, was im Moment zu tun ist. Wasche deine Wäsche; kümmere dich um deine Kinder; mache deine Buchhaltung. Hast du gerade nichts zu tun, dann gehe spazieren, oder putze das Bad. Mache etwas Sinnvolles, etwas, was dich mit der Erde verbindet. Schaue, ob du heute ein OA-Meeting findest, und kümmere dich nicht zu sehr um deine Gefühle. Sie sind, wie sie sind, und sie gehen wieder vorbei. Du kannst dich später darum kümmern, im Moment nicht. Mache das Wichtigste zuerst. Wenn du willst, dann nimm eine Puppe in den Arm, und stell dir vor, sie sei dein inneres Kind. Tröste sie.

Das Wichtigste ist: Mache etwas Vernünftiges, das, was ansteht. Fühle deine Gefühle, und mache dir klar: Sie gehen vorbei. Frage nicht, warum du dich so fühlst, das kannst du später immer noch klären. Im Moment gilt: Atme! Konzentriere dich aufs Atmen und darauf, daß die Welle über dich hinwegfegt. Wenn du das schaffst, entspanne dich. Du kannst vielleicht sogar eine Art Beobachter sein: Ach so, so fühlt sich das also an! Bis jetzt hast du das noch nie gefühlt, weil du diese Gefühle immer mit Essen weggedrückt hast. Schau sie dir an, ohne sie zu verändern. Nimm sie wahr, aber bleib stehen, und kontrolliere sie nicht mit Essen. Selbst wenn dich die Welle mitreißt, brauchst du nicht zu essen. Bleib da, warte, bis es vorüber ist, atme weiter. Das ist, wie in den Wehen zu liegen.

Laß das Essen liegen, wirf es weg, wenn es nicht anders geht. Alles ist besser, als zu essen, wirklich alles. Während du das liest, ebbt der Anfall wahrscheinlich schon ab. Bleibe noch ein bißchen bei mir, und atme. Gleich ist es vorbei, und du wirst es geschafft haben. Aber vorher kommt noch der schwierigste Moment: Deine Wachsamkeit läßt nach, und du stopfst vielleicht doch alles in dich hinein, was du in die Finger kriegst. Dann laufe mit dem Buch in den Raum, in dem deine nächste Aufgabe auf dich wartet. Gib dir keine Zeit, doch noch zu essen. Lege das Buch zur Seite, und fange sofort an, zu tun, was du nun zu tun hast!

Bete um die Bereitschaft, abstinent zu sein, um die Gelassenheit, die Dinge hinzunehmen, die du nicht ändern kannst. Bete um den Mut, das zu ändern, was du ändern kannst, und bete um die Weisheit, das eine vom anderen zu unterscheiden.*

* Nach einem Gebet von Reinhold Niebuhr

Sehr gut.

Du hast es geschafft, du hast die Herausforderung gemeistert. Du lebst noch, und du hast nicht gegessen. Wunderbar. Ich bin wirklich beeindruckt. Wenn meine nächste Welle kommt, werde ich selbst das hier lesen, atmen und die Kühlschranktür schließen.

Wenn du es kannst, dann kann ich es vielleicht auch.

Ich wünsche dir gute vierundzwanzig Stunden, und wie wir in der Gruppe sagen:

Komm wieder, es funktioniert.

In Liebe, Susanne

Der folgende Test kann dir vielleicht helfen, zu entscheiden, ob du eßsüchtig bist oder dazu neigst, Essen zu mißbrauchen:

- Ißt du auch dann, wenn du gar nicht hungrig bist?
- Überißt du dich ohne ersichtlichen Grund?
- Hast du Gefühle von Scham und Schuld, wenn du zuviel gegessen hast?
- Verwendest du zuviel Zeit und Gedanken aufs Essen?
- Wartest du voll Ungeduld auf die Momente, in denen du allein essen kannst?
- Planst du dieses heimliche Essen im voraus, und sei es auch nur in Gedanken?
- Ißt du mit anderen nur mäßig und holst das Überessen dann nach, wenn du allein bist?
- Hast du schon versucht, eine Woche oder länger Diät zu halten und hast dann kurz vor dem Ziel aufgegeben?

- Ärgert es dich, wenn andere dir sagen, es bräuchte »nur ein bißchen Willenskraft«, das Essen in den Griff zu kriegen?
- Bestehst du, obwohl es offensichtlich anders ist, weiter darauf, daß du jederzeit eine Diät machen könntest, wenn du nur wolltest?
- Sehnst du dich danach, zu bestimmten Zeiten, Tag oder Nacht, außerhalb der regulären Mahlzeiten zu essen?
- Ißt du, um vor Sorgen und Schwierigkeiten zu flüchten?
- Bist du schon jemals wegen Übergewichts oder ernährungsbedingter Krankheiten in ärztlicher Behandlung gewesen?
- Macht dein Eßverhalten dich oder andere unglücklich?

Viele Menschen, die sich als eßsüchtig bezeichnen, haben diese Fragen teilweise oder vollständig mit Ja beantwortet. Aber weißt du, es spielt gar keine Rolle, wie du dich bezeichnest. Wenn dir das Wort eßsüchtig angst macht, dann benutze es nicht. Bitte laß dich durch die Radikalität dieses Programms nicht einschüchtern. Fange einfach mal irgendwo an; vielleicht gibt es einen Schritt, der bei dir etwas auslöst oder den du leicht umsetzen kannst. Dann mache diesen. Jeder noch so kleine Schritt ist besser als nichts. Jedes Gummibärchen, das du liegenläßt, ist ein Triumph für deinen freien Willen; jedes Gebet stärkt die Nabelschnur, die dich mit echter Kraft versorgt.

Literatur und Selbsthilfegruppen

Liste der 12-Schritte-Selbsthilfegruppen
(Diese Gruppen gibt es in fast allen Städten; Telefonnummern erhältst du bei NAKOS.)

AA (Anonyme Alkoholiker)
NA (Narcotics Anonymous – anonyme Drogenabhängige)
CoDa (Codependants Anonymous – anonyme Coabhängige und Beziehungssüchtige)
SLAA (Sex- and Love Addicts Anonymous – anonyme Sex- und Liebessüchtige)
AS (Anonyme Sexsüchtige)
OA (Overeaters Anonymous – anonyme Überesser; Magersüchtige und Bulimiker sind willkommen)
GA (Gamblers Anonymous – anonyme Spielsüchtige)
EA (Emotions Anonymous – anonyme Gefühlsabhängige)
Al Anon (erwachsene Kinder von Alkoholikern, Angehörige von Suchtkranken)
Alateen (Kinder von Alkoholikern)

Nationale Kontakt- und Informationsstelle zu allen Selbsthilfegruppen: (NAKOS)
(Diese Kontaktstelle gibt keine Informationen über die Gruppen selbst, sie führt auch keine Beratungsgespräche durch.)

Selbsthilfegruppen in Deutschland

NAKOS: Allgemeine Information, Aufklärung, Kontakte
Tel. 030 / 3 10 189 60 (Di, Mi, Fr 9–13.00 Uhr,
Do 13–17.00 Uhr)
Fax: 030 / 3 10 189 70; E-Mail: selbsthilfe@nakos.de
Internet: www.nakos.de
Viele Selbsthilfegruppen haben Internetseiten, am besten suchst du sie über eine Suchmaschine.

Die OA-Internetseite, der ich die Fragen entnommen habe, findest du unter:

http://www.overeatersanonymous.de

Die Literatur der Anonymen Eßsüchtigen bekommst du bei jedem Treffen oder bei:

Deutsche Intergruppe der Anonymen Eßsüchtigen
OA-Interessengemeinschaft e.V.
Postfach 1 062 06
28062 Bremen
Telefon:
04 21/32 72 24

Verwendete OA-Literatur:

Lifeline Sampler Bestellnummer 71/B
Bremen 1992
(Lebensgeschichten von Betroffenen)

Die 12 Schritte und die 12 Traditionen der Anonymen Eßsüchtigen
Bestellnummer 67/B
Bremen 1999

Außerdem Zitate aus:

Marianne Williamson
Rückkehr zur Liebe, München 1993

Shakti Gawain
Leben im Licht, München 1991

Außerdem im Schirner Verlag erschienen:

Susanne Hühn

LOSALSSEN UND DIE IDEALE BEZIEHUNG FINDEN

Erfüllte Partnerschaft in 12 Schritten
192 S., Paperback
ISBN 978-3-89767-219-7

Wenn auch Sie auf der Suche sind, wenn auch Sie das Gefühl haben, es müsste mehr Erfüllung, mehr Liebe in Ihrem Leben möglich sein, dann folgen Sie der Autorin durch die bewährten 12 Schritte. Mit klaren, deutlichen und liebevollen Worten zeigt sie Ihnen, auf welche Weise Sie sich dem Fluß des Lebens wieder anschließen können. Sie lernen, die Verantwortung für sich selbst zu tragen, vor allem auch in Beziehungen. Diese Schritte führen Sie zu wirklicher Veränderung, zu einer echten inneren Möglichkeit, erfüllende, wahrhaftige Beziehungen zu führen.